W0331168

Rouven Wagner

Kochbuch der Kontinente

Bekannte Rezepte aus aller Welt vegan interpretiert

Inhaltsverzeichnis

Europa 7

Asien 31

Afrika 57

Nordamerika 79

Südamerika 101

Australien und Ozeanien 121

Liebe Leserinnen und Leser,

willkommen zu einer kulinarischen Reise, die uns einmal um den Globus führt, durch alle Klimazonen und Kulturen, über jeden Kontinent. Die reiche und bunte Palette der Weltküche ist eine stetige Quelle der Inspiration. In diesem Kochbuch wird diese Vielfalt auf ganz besondere Weise zelebriert:

Durch vegane Interpretationen traditioneller Rezepte aus allen Ecken der Erde. Stellen Sie sich vor, wie Sie durch die belebten Gassen Asiens schlendern, sich von den aromatischen Brisen des Mittelmeers umhüllen lassen, im Takt der lebensfrohen Rhythmen Südamerikas tanzen und von den exotischen Aromen Afrikas und Ozeaniens betört werden.

Unsere Welt ist ein Kaleidoskop von Geschmacksrichtungen, Aromen und kulinarischen Techniken, und in diesem Kochbuch haben wir es uns zur Aufgabe gemacht, diese Vielfalt zu erkunden. Jedes hier vorgestellte Gericht ist nicht nur ein Rezept, sondern auch ein Zeugnis - es spiegelt das kulturelle Erbe, die typischen regionalen Zutaten und die tief verwurzelten Familientraditionen wider. Aber in diesem Band wird diese reiche Geschichte mit einem modernen, veganen Ansatz neu erzählt. Mit klaren Anleitungen und interessanten Hintergrundinformationen zu jedem Gericht werden Sie nicht nur zu einem versierten Koch, sondern gewinnen auch einen tieferen Einblick in die Esskulturen der Welt.

Dieses Buch soll Sie nicht nur inspirieren, sondern auch ermutigen. Es soll ein Werkzeug sein, mit dem Sie sowohl Ihre Kochfähigkeiten als auch Ihr Verständnis für globale Esskulturen erweitern können. Lassen Sie sich auf dieses Abenteuer ein und entdecken Sie die unendlichen Möglichkeiten der veganen Weltküche.

Begleiten Sie uns auf diese kulinarische Reise, die den Spagat zwischen Respekt für Tradition und einem verantwortungsbewussten Lebensstil meistert. Entdecken Sie auf jeder Seite die Magie der veganen Weltküche, die nicht nur Ihren Gaumen erfreuen, sondern auch Ihr Herz berühren wird!

Mit herzlichen Grüßen

Ihr Rouven Wagner

Europa

Mediterrane Gemüsesuppe (Italien)

Gemüse-Curry (Großbritannien)

Ratatouille (Frankreich)

Borschtsch (Russland)

Gnocchi mit Pilzsoße (Italien)

Gazpacho (Spanien)

Horiatiki (Griechenland)

Gołąbki oder Krautwickel (Polen)

Köttbullar (Schweden)

Gulasch (Ungarn)

Snert oder Erbsensuppe(Niederlande)

Mediterrane Gemüsesuppe (Italien)

45 min *2 Portionen*

Nährwerte p. P.: 290 kcal - 40 g Kohlenhydrate - 8 g Protein - 11 g Fett

Diese mediterrane Gemüsesuppe fängt die Essenz der italienischen Riviera in einer Schüssel ein. Interessanterweise dienen Suppen in Italien oft als "Primo", ein erster Gang vor dem Hauptgericht. Während viele lokale Suppen Fleisch enthalten, zeugt dieses vegane Gericht von der Frische der regionalen Ernte. Olivenöl, Italiens "flüssiges Gold", gibt diesem Gericht seinen unverkennbaren Charakter.

Zutaten

2 EL Olivenöl
1 große Zwiebel, gewürfelt
3 Knoblauchzehen, fein gehackt
2 Karotten, gewürfelt
2 Stangen Sellerie, gewürfelt
1 rote Paprika, gewürfelt
1 gelbe Paprika, gewürfelt
2 Zucchini, gewürfelt
400g Dosen-Tomaten (ganze Tomaten oder gewürfelt)
1 L Gemüsebrühe
1 TL getrockneter Oregano
1 TL getrockneter Basilikum
1/2 TL getrockneter Rosmarin
Eine Prise Chiliflocken (optional)
Salz und Pfeffer nach Geschmack
Eine Handvoll frisches Basilikum, grob gehackt
Eine Handvoll frischer Spinat oder Mangold
Saft von 1/2 Zitrone
2 EL Olivenöl extra vergine (zum Servieren)

Zubereitung

1. **Gemüse anbraten:** In einem großen Topf das Olivenöl erhitzen. Zwiebeln, Knoblauch, Karotten, Sellerie und Paprika hinzufügen und 5-7 Minuten anbraten, bis das Gemüse weich wird.
2. **Zucchini und Gewürze hinzufügen:** Zucchini, Oregano, Basilikum, Rosmarin und Chiliflocken (falls verwendet) hinzufügen und weitere 3-4 Minuten braten.
3. **Flüssigkeiten hinzufügen:** Die Dosen-Tomaten und Gemüsebrühe hinzufügen. Gut umrühren, dabei den Boden des Topfes kratzen, um die angebratenen Stückchen zu lösen.
4. **Kochen:** Die Suppe zum Kochen bringen, dann die Hitze reduzieren und 20-25 Minuten köcheln lassen.
5. **Zum Schluss:** Spinat oder Mangold, frisches Basilikum und Zitronensaft unterrühren. Mit Salz und Pfeffer abschmecken.
6. **Servieren:** Die Suppe in Schalen füllen und mit einem Schuss extra vergine Olivenöl beträufeln. Dazu passt hervorragend knuspriges Baguette oder Ciabatta.

Gemüse-Curry (Großbritannien)

30 min *2Portionen*

Nährwerte p. P.: 340 kcal - 35 g Kohlenhydrate - 10 g Protein - 17 g Fett

Das Curry, traditionell mit der indischen Küche assoziiert, hat in Großbritannien eine beeindruckende Transformation durchgemacht. Schon im 18. Jahrhundert fanden Curry-Gerichte den Weg in britische Kochbücher. Großbritanniens Liebe zum Curry hat es fast zu einem nationalen Gericht gemacht. Trotz seiner indischen Wurzeln hat sich das britische Curry an lokale Geschmäcker angepasst. Dieses vegane Gemüse-Curry zeigt die moderne, vielfältige britische Gastronomie.

Zutaten

2 EL Kokos- oder Rapsöl
1 große Zwiebel, gewürfelt
3 Knoblauchzehen, fein gehackt
1 EL frischer Ingwer, gerieben
2 EL Currypulver (mild oder scharf, je nach Vorliebe)
1 TL Kurkuma
1 TL Kreuzkümmel
1 TL Korianderpulver
400g Dosen-Tomaten (ganze Tomaten oder gewürfelt)
500 ml Gemüsebrühe
2 Karotten, gewürfelt
1 Pastinake, gewürfelt
2 mittelgroße Kartoffeln, gewürfelt
100g grüne Erbsen (frisch oder gefroren)
200 ml Kokosmilch
Salz und Pfeffer nach Geschmack
Eine Handvoll frischer Koriander, grob gehackt (zum Garnieren)
1 Limette, in Viertel geschnitten (zum Servieren)

Zubereitung

1. **Zwiebeln und Gewürze anbraten:** In einem großen Topf das Öl erhitzen. Zwiebeln, Knoblauch und Ingwer hinzufügen und 3-4 Minuten anbraten, bis die Zwiebeln glasig sind. Currypulver, Kurkuma, Kreuzkümmel und Korianderpulver hinzufügen und eine weitere Minute braten, bis die Gewürze duften.
2. **Gemüse hinzufügen:** Karotten, Pastinake und Kartoffeln in den Topf geben und gut umrühren, damit alles mit den Gewürzen bedeckt ist.
3. **Flüssigkeiten hinzufügen:** Die Dosen-Tomaten und Gemüsebrühe hinzufügen. Zum Kochen bringen, dann die Hitze reduzieren und etwa 20 Minuten köcheln lassen, bis das Gemüse fast gar ist.
4. **Restliches Gemüse und Kokosmilch hinzufügen:** Erbsen und grüne Bohnen hinzufügen und weitere 10 Minuten köcheln lassen. Die Kokosmilch einrühren und weitere 5 Minuten köcheln lassen, bis alles gut erhitzt ist. Mit Salz und Pfeffer abschmecken.
5. **Servieren:** Das Curry in Schalen füllen, mit frischem Koriander garnieren und mit einem Limettenschnitz servieren. Passt hervorragend zu Basmatireis oder Naanbrot.

Ratatouille (Frankreich)

35 min | *2 Portionen*

Nährwerte p. P.: 290 kcal - 40 g Kohlenhydrate - 8 g Protein - 11 g Fett

Ratatouille, ein Stolz der provenzalischen Küche, erzählt eine Geschichte von Sonne, Erde und aromatischen Kräutern. Ursprünglich als Bauernessen betrachtet, hat es sich zu einem kulinarischen Symbol Frankreichs entwickelt. Dieses Gemüsegericht verkörpert die Essenz des Mittelmeers mit seinen frischen Zutaten. Jede Region in Frankreich hat ihre eigene Interpretation, doch alle betonen die Wichtigkeit der Gemüsequalität. Als veganes Gericht war Ratatouille seiner Zeit voraus, lange bevor pflanzliche Ernährung im Trend lag.

Zutaten

3 EL Olivenöl
1 große Zwiebel, gewürfelt
3 Knoblauchzehen, fein gehackt
1 Aubergine, gewürfelt
2 Zucchini, in Scheiben oder Halbmonde geschnitten
1 rote Paprika, gewürfelt
1 gelbe Paprika, gewürfelt
400g Dosen-Tomaten (ganze Tomaten oder gewürfelt)
2 TL frischer Thymian (oder 1 TL getrocknet)
1 TL frischer Rosmarin, fein gehackt (oder 1/2 TL getrocknet)
Salz und Pfeffer nach Geschmack
Eine Handvoll frisches Basilikum, grob gehackt
Optional: eine Prise Zucker oder Ahornsirup, falls die Tomaten sehr sauer sind

Zubereitung

1. **Zwiebel und Knoblauch anbraten:** In einem großen Topf oder einer tiefen Pfanne das Olivenöl erhitzen. Zwiebeln und Knoblauch hinzufügen und 3-4 Minuten anbraten, bis die Zwiebeln glasig sind.
2. **Auberginen hinzufügen:** Auberginenwürfel in den Topf geben und 5-7 Minuten anbraten, bis sie beginnen, weich zu werden und leicht gebräunt sind.
3. **Weiteres Gemüse hinzufügen:** Zucchini und Paprika hinzufügen und weitere 5-7 Minuten braten, bis sie anfangen zu soften.
4. **Gewürze und Tomaten hinzufügen:** Die Dosen-Tomaten, Thymian und Rosmarin hinzufügen. Gut umrühren und zum Köcheln bringen. Falls die Tomaten sehr sauer sind, kann man eine kleine Prise Zucker oder Ahornsirup hinzufügen. Die Mischung 20-25 Minuten köcheln lassen, dabei gelegentlich umrühren.
5. **Würzen und servieren:** Mit Salz und Pfeffer abschmecken. Vor dem Servieren das grob gehackte Basilikum unterheben.
6. **Serviervorschlag:** Das Ratatouille kann heiß, warm oder sogar kalt serviert werden. Es passt hervorragend zu knusprigem Baguette, Polenta oder auch zu Reis.

Borschtsch (Russland)

15 min *2 Portionen*

Nährwerte p. P.: 315 kcal - 45 g Kohlenhydrate - 7 g Protein - 12 g Fett

Borschtsch, ein tiefrotes Juwel, ist mehr als nur eine Suppe: Es ist ein Stück russischer Seele. Seine Wurzeln reichen zurück bis zu den alten Slawen, die Rote Beete verehrten. Jede russische Familie hat ihre eigene Borschtsch-Version, oft von Generation zu Generation weitergegeben. Während Fleisch oft präsent ist, bietet diese vegane Variante eine authentische Geschmackstiefe. Kältebekämpfend und nährstoffreich, wurde Borschtsch oft zur Winterzeit serviert.

Zutaten

2 EL Sonnenblumenöl oder anderes Pflanzenöl
1 mittelgroße Zwiebel, gewürfelt
3 Knoblauchzehen, fein gehackt
2 mittelgroße Rote Bete, gewürfelt
2 Karotten, gewürfelt
1 mittelgroße Kartoffel, gewürfelt
1/2 kleiner Weißkohl, in dünne Streifen geschnitten
1,5 L Gemüsebrühe
2 Tomaten, gewürfelt oder 200g Dosen-Tomaten (gewürfelt)
2 Lorbeerblätter
2 EL Weißweinessig
1 TL Zucker
Salz und Pfeffer nach Geschmack
Eine Handvoll frischer Dill, grob gehackt
Optional: Vegane saure Sahne oder Joghurt zum Servieren

Zubereitung

1. **Zwiebeln und Knoblauch anbraten:** In einem großen Topf das Öl erhitzen. Zwiebeln und Knoblauch hinzufügen und 3-4 Minuten anbraten, bis die Zwiebeln glasig sind.
2. **Gemüse hinzufügen:** Rote Bete, Karotten und Kartoffeln in den Topf geben und 8-10 Minuten anbraten, bis sie beginnen, weich zu werden.
3. **Kohl und Gewürze hinzufügen:** Den Kohl, die Gemüsebrühe, die Tomaten, die Lorbeerblätter, den Essig und den Zucker hinzufügen. Zum Kochen bringen und dann die Hitze reduzieren und 20-25 Minuten köcheln lassen, bis das Gemüse gar ist.
4. **Würzen und abschmecken:** Mit Salz und Pfeffer abschmecken und nach Bedarf weitere Gewürze hinzufügen.
5. **Dill hinzufügen:** Vor dem Servieren den grob gehackten Dill unterheben.
6. **Servieren:** Den Borschtsch in Schalen füllen und nach Wunsch mit einem Klecks veganer saurer Sahne oder Joghurt garnieren. Dazu passt hervorragend dunkles Brot oder Pumpernickel.

Gnocchi mit Pilzsoße (Italien)

45 min | *2 Portionen*

Nährwerte p. P.: 455 kcal - 65 g Kohlenhydrate - 10 g Protein - 17 g Fett

Gnocchi, kleine Teigklöße, sind ein Schatz der italienischen Küche, der in vielen Regionen beheimatet ist. Ihre Geschichte reicht zurück bis zu den Römern, lange bevor Pasta populär wurde. Während Gnocchi oft mit Tomatensoße serviert werden, bietet die Pilzsoße eine erdige, herbstliche Variante. Pilze, besonders in Norditalien, sind ein geschätztes Wildprodukt, das der Soße Tiefe verleiht. Dieses vegane Gericht hält die Essenz Italiens fest: Einfachheit und Qualität der Zutaten.

Zutaten

Gnocchi
600g mehligkochende Kartoffeln
150-200g Weizenmehl (plus extra zum Bestäuben)
Salz

Pilzsoße
2 EL Olivenöl
1 kleine Zwiebel, gewürfelt
3 Knoblauchzehen, fein gehackt
400g gemischte Pilze (z.B. Champignons, Pfifferlinge, Steinpilze), grob gehackt
250 ml vegane Sahne (z.B. aus Hafer, Mandel oder Soja)
1 TL frischer Thymian (oder 1/2 TL getrocknet)
Salz und Pfeffer nach Geschmack
Eine Handvoll frische Petersilie, grob gehackt

Zubereitung

1. **Gnocchi zubereiten:** Die Kartoffeln in einem großen Topf mit Wasser kochen, bis sie weich sind (ca. 20-25 Minuten). Abgießen und kurz abkühlen lassen. Die Kartoffeln pellen und durch eine Kartoffelpresse drücken oder fein zerstampfen. Das Mehl nach und nach hinzufügen und zu einem Teig verkneten. Nicht zu viel Mehl hinzufügen, sonst werden die Gnocchi zu hart. Mit Salz abschmecken. Den Teig in kleine Portionen teilen und zu Rollen formen, dann in kleine Stücke schneiden und mit einer Gabel leicht eindrücken, um die typische Gnocchi-Form zu erhalten.
2. **Gnocchi kochen:** Einen großen Topf mit gesalzenem Wasser zum Kochen bringen. Die Gnocchi portionsweise ins kochende Wasser geben. Sobald sie an die Oberfläche steigen, sind sie fertig. Mit einer Schaumkelle herausnehmen und beiseite stellen.
3. **Pilzsoße zubereiten:** In einer großen Pfanne das Olivenöl erhitzen. Zwiebel und Knoblauch hinzufügen und 2-3 Minuten anbraten. Die Pilze hinzufügen und 5-7 Minuten braten, bis sie weich und goldbraun sind. Die vegane Sahne und den Thymian hinzufügen und zum Köcheln bringen. Mit Salz und Pfeffer abschmecken.
4. **Kombinieren und servieren:** Die gekochten Gnocchi in die Pfanne geben und alles gut vermischen, bis die Gnocchi mit der Soße bedeckt sind. Mit der grob gehackten Petersilie garnieren und servieren.

Gazpacho (Spanien)

120 min | *2 Portionen*

Nährwerte p. P.: 265 kcal - 25 g Kohlenhydrate - 5 g Protein - 16 g Fett

Gazpacho ist nicht nur eine Suppe, sondern das Herzstück des andalusischen Sommers. Diese kalte Delikatesse erzählt Geschichten von heißen Tagen und kühlen Erfrischungen. Ursprünglich von den Mauren eingeführt, wurde sie in Spanien mit lokalem Gemüse verfeinert. Trotz ihrer Einfachheit sind die Aromen intensiv und komplex. Jede Region in Spanien behauptet, ihre eigene einzigartige Variante zu haben. Dieses vegane Rezept hält die Tradition am Leben, während es modernen Geschmacksvorlieben entspricht.

Zutaten

6 reife Tomaten, grob gewürfelt
1 Gurke, geschält und grob gewürfelt
1 rote Paprika, entkernt und grob gewürfelt
1 kleine rote Zwiebel, grob gewürfelt
2 Knoblauchzehen, grob gehackt
3-4 Scheiben altbackenes Weißbrot (vegan), eingeweicht und gut ausgedrückt
4 Tassen (ca. 1 Liter) kaltes Wasser
1/3 Tasse (ca. 80 ml) extra natives Olivenöl
3 Esslöffel Rotweinessig
Eine Handvoll frische Petersilie, grob gehackt
Salz und Pfeffer nach Geschmack

Zubereitung

1. In einer großen Schüssel Tomaten, Gurke, Paprika, Zwiebel und Knoblauch kombinieren.
2. Die Gemüsemischung in einen Mixer oder eine Küchenmaschine geben und pürieren, bis sie fast glatt ist.
3. Das eingeweichte Brot hinzufügen und weitermixen, bis es vollständig eingearbeitet ist und die Mischung seidig glatt ist.
4. Bei laufendem Mixer langsam das Olivenöl und den Essig hinzugießen.
5. Nach und nach Wasser oder Gemüsebrühe hinzufügen, bis die gewünschte Konsistenz erreicht ist.
6. Mit Salz und Pfeffer abschmecken. Bei Bedarf können Sie mehr Essig hinzufügen.
7. Das Gazpacho mindestens 2 Stunden im Kühlschrank kalt stellen, damit sich die Aromen entwickeln können.
8. Vor dem Servieren gut umrühren. In gekühlten Schalen servieren und nach Wunsch mit einem Schuss Olivenöl, frischen Kräutern oder gewürfeltem Gemüse garnieren.

Horiatiki (Griechenland)

15 min *1 Portionen*

Nährwerte p. P.: 260 kcal - 30 g Kohlenhydrate - 6 g Protein - 13 g Fett

Horiatiki, direkt übersetzt als "Dorfsalat", verkörpert die Essenz der griechischen Küche: Frische, lokale Zutaten in harmonischer Kombination. Dieser Salat wird oft als das Herz des griechischen Sommers betrachtet. Ohne Verwendung von Kopfsalat, setzt er sich aus knackigen Gemüsen zusammen. Der Salat erzählt Geschichten von warmen Abenden in kleinen Tavernen am Meer. Mit jedem Bissen taucht man in die mediterrane Welt ein.

Zutaten

4 reife Tomaten, in grobe Stücke geschnitten
1 große Gurke, ungeschält und in Scheiben oder Halbmonde geschnitten
1 grüne Paprika, entkernt und in Ringe geschnitten
1 rote Zwiebel, in dünne Scheiben geschnitten
1/2 Tasse Kalamata-Oliven, entsteint
3 Esslöffel extra natives Olivenöl
100 g veganer Fetakäse
1-2 Esslöffel Rotweinessig
Salz und Pfeffer nach Geschmack
1 Teelöffel getrockneter Oregano
Optional: Einige Kapern für zusätzlichen Geschmack oder frischen Dill

Zubereitung

1. In einer großen Salatschüssel veganen Fetakäse, Tomaten, Gurke, Paprika und Zwiebeln kombinieren.
2. Die Kalamata-Oliven und optional die Kapern hinzufügen.
3. In einer kleinen Schüssel Olivenöl, Rotweinessig, Salz, Pfeffer und Oregano verquirlen, bis sich alles gut vermischt hat.
4. Das Dressing über den Salat gießen und vorsichtig vermengen, um sicherzustellen, dass alle Zutaten gut mit dem Dressing bedeckt sind.
5. Den Salat einige Minuten ruhen lassen, damit sich die Aromen verbinden können. Vor dem Servieren erneut leicht umrühren.
6. Den Salat in Schalen verteilen und nach Wunsch mit etwas mehr Oregano oder Dill bestreuen.

Gołąbki oder Krautwickel (Polen)

60 min *2 Portionen*

Nährwerte p. P.: 360 kcal - 55 g Kohlenhydrate - 8 g Protein - 12 g Fett

Gołąbki, oft übersetzt als "kleine Tauben", sind ein Grundpfeiler der polnischen Küche, wobei der Name sich auf die taubenähnliche Form der Wickel bezieht. Seit Jahrhunderten werden sie in Familien über Generationen hinweg zubereitet. Normalerweise sind sie mit einer Fleisch- und Reismischung gefüllt und in Tomatensauce geschmort. Die vegane Variante verwendet Pilze als herzhaften Ersatz für Fleisch, wodurch die traditionelle Textur und der Geschmack erhalten bleiben.

Zutaten

1 großer Weißkohlkopf
1 Tasse (ca. 200g) gekochter Reis
1 Tasse (ca. 200g) gehackte Pilze (z.B. Champignons)
1 Zwiebel, fein gewürfelt
2 Knoblauchzehen, gehackt
1/4 Tasse (ca. 60ml) Tomatenmark
2 Tassen (ca. 500ml) Tomatensauce
2 Tassen (ca. 500ml) Gemüsebrühe
1 Teelöffel Paprika
Salz und Pfeffer nach Geschmack
2 Esslöffel Pflanzenöl (z.B. Sonnenblumenöl)
Veganer Joghurt oder Sauerrahm nach Geschmack

Zubereitung

1. In einem großen Topf Wasser zum Kochen bringen. Den Strunk des Weißkohls entfernen und den Kohlkopf etwa 5 Minuten blanchieren, bis die Blätter weich sind. Herausnehmen und abtropfen lassen.
2. In einer Pfanne das Öl erhitzen. Zwiebel, Knoblauch und Pilze darin anbraten, bis die Pilze weich sind. Den gekochten Reis, Tomatenmark, Paprika, Salz und Pfeffer hinzufügen und gut vermengen.
3. Ein Kohlblatt ausbreiten, etwa 2 Esslöffel der Reis-Pilz-Mischung in die Mitte geben, dann die Seiten einschlagen und aufrollen, sodass ein kleines Päckchen entsteht. Diesen Vorgang mit den restlichen Kohlblättern wiederholen.
4. In einem großen Topf oder einer tiefen Pfanne die Tomatensauce und Gemüsebrühe vermischen und erhitzen. Die Krautwickel hineinlegen, sodass sie vollständig mit der Sauce bedeckt sind.
5. Auf kleiner Flamme etwa 40-45 Minuten köcheln lassen, bis die Gołąbki gut durchgegart sind.
6. Vor dem Servieren die Gołąbki aus der Sauce nehmen und auf einem Teller anrichten. Mit frischen Kräutern garnieren, falls gewünscht. Dazu den Joghurt reichen.

Köttbullar (Schweden)

30 min *2 Portionen*

Nährwerte p. P.: 330 kcal - 50 g Kohlenhydrate - 14 g Protein - 9 g Fett

Traditionell aus Fleisch gemacht, sind Köttbullar oft das Herzstück eines schwedischen Festmahls. Der Legende nach wurden sie erstmals im 18. Jahrhundert eingeführt, als ein schwedischer König von einer Reise aus der Türkei zurückkehrte. Unsere vegane Version zollt der Tradition Tribut, während sie eine pflanzliche Note einführt. Mit einer herzhaften Mischung aus Pilzen und schwarzen Bohnen wird hier ein Gericht kreiert, das sowohl Kenner als auch Neulinge begeistern wird.

Zutaten

Köttbullar

200g braune Champignons, fein gehackt
1 Dose (400g) schwarze Bohnen, abgetropft und zerdrückt
1 Zwiebel, fein gewürfelt
2 Knoblauchzehen, gehackt
100g Paniermehl
2 Esslöffel Sojasauce
1 Teelöffel getrockneter Thymian
Salz und Pfeffer nach Geschmack
Pflanzenöl zum Braten

Sauce

300ml Gemüsebrühe
2 Esslöffel vegane Butter
2 Esslöffel Mehl
100ml Pflanzensahne
1 Esslöffel Sojasauce
Salz und Pfeffer nach Geschmack

Zubereitung

1. In einer Pfanne etwas Öl erhitzen und Zwiebeln sowie Knoblauch darin anbraten, bis sie glasig sind. Pilze hinzufügen und weiterbraten, bis sie weich sind.
2. Die Pilzmischung, zerdrückte Bohnen, Paniermehl, Sojasauce, Thymian, Salz und Pfeffer in einer Schüssel vermengen und gut durchkneten.
3. Aus der Masse kleine Bällchen formen.
4. Die Köttbullar in einer Pfanne mit etwas Öl rundherum goldbraun anbraten.
5. Für die Sauce die vegane Butter in einem Topf schmelzen und das Mehl einrühren. Gemüsebrühe unter ständigem Rühren hinzufügen. Pflanzensahne und Sojasauce hinzufügen und mit Salz und Pfeffer abschmecken. Die Sauce einige Minuten köcheln lassen, bis sie eindickt.
6. Die gebratenen Köttbullar in die Sauce geben und alles nochmals erhitzen.

Gulasch (Ungarn)

40 min | *2 Portionen*

Nährwerte p. P.: 275 kcal - 55 g Kohlenhydrate - 7 g Protein - 3 g Fett

Der Gulasch, ein Symbol ungarischer Kulinarik, hat seine Wurzeln im 9. Jahrhundert, als Hirten ihn als einfache Suppe zubereiteten. Über die Jahrhunderte hat sich das Rezept verfeinert und wurde mit Paprikapulver, einem weiteren ungarischen Klassiker, angereichert. Dieses Gewürz prägte nicht nur den Geschmack, sondern auch die charakteristische rote Farbe des Gulaschs. Obwohl traditionell mit Fleisch zubereitet, präsentiert unser veganes Rezept eine Pflanzen-basierte Variante, die den herzhaften Geschmack des Originals eindrucksvoll nachbildet und dabei gesund und nachhaltig bleibt.

Zutaten

2 große Zwiebeln, gewürfelt
3 Knoblauchzehen, gehackt
500g Kartoffeln, gewürfelt
2 rote Paprika, gewürfelt
250g braune Champignons, in Scheiben geschnitten
2 Esslöffel Paprikapulver (süß)
1/2 Teelöffel geräuchertes Paprikapulver (optional)
1 Teelöffel Kreuzkümmel (gemahlen)
1 Teelöffel Majoran
1 Prise Chili oder Cayennepfeffer (nach Geschmack)
1 Liter Gemüsebrühe
2 Esslöffel Tomatenmark
Pflanzenöl zum Braten
Salz und Pfeffer nach Geschmack

Zubereitung

1. Das Pflanzenöl in einem großen Topf erhitzen. Zwiebeln und Knoblauch darin anbraten, bis sie glasig sind.
2. Paprikapulver hinzufügen und kurz mit den Zwiebeln anrösten. Das gibt dem Gulasch seine charakteristische rote Farbe und intensiven Geschmack.
3. Kartoffeln, Paprika und Champignons hinzufügen und ein paar Minuten mitbraten.
4. Tomatenmark, restliche Gewürze und Gemüsebrühe hinzufügen.
5. Den Gulasch zum Kochen bringen und auf niedriger Hitze etwa 30 Minuten köcheln lassen, bis das Gemüse weich ist und die Aromen sich verbunden haben.
6. Mit Salz und Pfeffer abschmecken.

Snert oder Erbsensuppe (Niederlande)

120min *2 Portionen*

Nährwerte p. P.: 340 kcal - 57 g Kohlenhydrate - 12 g Protein - 7 g Fett

Snert, auch liebevoll als Erwtensoep in den Niederlanden bezeichnet, ist weit mehr als nur eine Suppe - es ist ein kulturelles Erbe. Historisch gesehen war diese dicke, nährstoffreiche Suppe ideal für kalte Wintertage und bot Bauern und Arbeitern viel benötigte Energie. Erbsen, als Hauptzutat, wurden in den Niederlanden seit dem Mittelalter angebaut und spielten in der niederländischen Küche eine zentrale Rolle. In dieser veganen Version wird auf Fleischeinlagen verzichtet, aber der charakteristische herzhafte Geschmack bleibt erhalten.

Zutaten

500g getrocknete grüne Erbsen (über Nacht eingeweicht)
3 Karotten, gewürfelt
2 Zwiebeln, gewürfelt
3 Knoblauchzehen, gehackt
2 Stangen Sellerie, gewürfelt
1 Lauch, in Ringe geschnitten
2 Lorbeerblätter
1 Teelöffel getrockneter Thymian
2 Liter Gemüsebrühe
2 Esslöffel Pflanzenöl
Salz und Pfeffer nach Geschmack
Frischer Petersilie oder Schnittlauch zum Garnieren

Zubereitung

1. Das Pflanzenöl in einem großen Topf erhitzen und Zwiebeln und Knoblauch darin anbraten, bis sie glasig sind.
2. Karotten, Sellerie und Lauch hinzufügen und einige Minuten weiterbraten.
3. Die eingeweichten Erbsen, Gemüsebrühe, Lorbeerblätter und Thymian hinzufügen.
4. Die Suppe zum Kochen bringen, dann die Hitze reduzieren und 1,5-2 Stunden köcheln lassen, bis die Erbsen vollständig zerfallen sind und die Suppe eine dicke Konsistenz hat.
5. Mit Salz und Pfeffer abschmecken.
6. Vor dem Servieren die Lorbeerblätter entfernen und die Suppe mit frisch gehackter Petersilie oder Schnittlauch garnieren.

Asien

Kokos-Curry (Thailand)

Sushi-Rollen (Japan)

Tofu-Tikka Masala (Indien)

Bibimbap ohne Ei (Korea)

Falafel und Hummus (Naher Osten)

Mapo Tofu (China)

Adobo (Philippinen)

Pho (Vietnam)

Momos (Nepal)

Rendang (Malaysia)

Laksa (Singapur)

BBQ (Mongolei)

Kokos-Curry (Thailand)

30 min | *3 Portionen*

Nährwerte p. P.: 390 kcal - 33 g Kohlenhydrate - 12 g Protein - 22 g Fett

Das thailändische Kokos-Curry, bekannt in Thailand als "Kaeng", ist ein Quintessenzgericht, das die reichen Aromen und Texturen Südostasiens einfängt. Traditionell verwendet dieses Curry eine Vielzahl von Zutaten, von Fleisch bis Meeresfrüchten, vermischt in einer duftenden Kokosmilch-Basis. In dieser veganen Version wird der Tofu zum Star, der das Fleisch ersetzt, ohne Kompromisse beim Geschmack einzugehen. Kokosmilch, die in Thailand reichlich vorhanden ist, bietet eine cremige Textur und einen süßen Kontrast zur Schärfe der Currypaste. In Thailand sagt man, dass ein gutes Curry sowohl das Herz als auch den Magen wärmt, und dieses Rezept hält diesem Versprechen sicherlich stand.

Zutaten

400 ml Dose Kokosmilch
2 Esslöffel rote Currypaste (achten Sie darauf, eine vegane Version ohne Shrimppaste zu wählen)
300 g Tofu, gewürfelt und leicht angebraten
2 Karotten, in dünne Scheiben geschnitten
1 rote Paprika, gewürfelt
100 g grüne Bohnen
1 Zwiebel, gewürfelt
3 Knoblauchzehen, gehackt
1 Esslöffel Sojasauce
1 Esslöffel Kokoszucker oder brauner Zucker
2 Kaffir-Limettenblätter (optional)
1 Stück Galgant oder Ingwer (ca. 2 cm), fein gehackt
Frischer Koriander zum Garnieren
Pflanzenöl zum Braten
Salz nach Geschmack

Zubereitung

1. In einem großen Topf oder einer Pfanne das Pflanzenöl erhitzen. Zwiebel und Knoblauch darin anbraten, bis sie glasig sind.
2. Die rote Currypaste hinzufügen und kurz anbraten, bis sie duftet.
3. Kokosmilch, Sojasauce, Kokoszucker, Kaffir-Limettenblätter und Galgant oder Ingwer hinzufügen und gut vermischen.
4. Tofu, Karotten, Paprika und grüne Bohnen in die Pfanne geben und zum Köcheln bringen.
5. Das Curry 15-20 Minuten köcheln lassen, bis das Gemüse weich ist.
6. Mit Salz abschmecken und vor dem Servieren die Kaffir-Limettenblätter entfernen.
7. Mit frischem Koriander garnieren und mit Jasminreis oder Nudeln servieren.

Sushi-Rollen (Japan)

35 min · *3 Portionen (ca. 12 -15 Sushi-Rollen)*

Nährwerte p. P.: 305 kcal - 65 g Kohlenhydrate - 7 g Protein - 2 g Fett

Während viele traditionelle Sushi-Rollen Meeresfrüchte beinhalten, zeigt die Vielfalt der modernen veganen Küche, dass auch pflanzliche Zutaten in der Kunst des Sushi-Machens glänzen können. Tatsächlich legen viele Japaner Wert auf die ästhetische Darstellung von Gemüse in ihrer Küche. Reis, das Herzstück von Sushi, symbolisiert in Japan Wohlstand und Nahrung. Mit einem Hauch von Kreativität und der Fusion von Geschmacksrichtungen wird dieses vegane Sushi-Rezept nicht nur Gaumenfreuden bereiten, sondern auch eine neue Dimension der traditionellen japanischen Kulinarik eröffnen.

Zutaten

Sushi-Rollen

2 Tassen Sushi-Reis
2 1/2 Tassen Wasser
4 Nori-Blätter
1 Avocado, in Streifen geschnitten
1 Gurke, entkernt und in Streifen geschnitten
1 Karotte, in dünne Streifen geschnitten
1 rote Paprika, in dünne Streifen geschnitten
Frischer Rettich oder Daikon, in dünne Streifen geschnitten (optional)
Wasabi, Sojasauce und eingelegter Ingwer zum Servieren

Reisessig-Mix

3 Esslöffel Reisessig
2 Esslöffel Zucker
1/2 Teelöffel Salz

Zubereitung

1. Den Sushi-Reis unter fließendem Wasser spülen, bis das Wasser klar ist. Zusammen mit den 2 1/2 Tassen Wasser in einen Topf geben und zum Kochen bringen. Hitze reduzieren und 15-20 Minuten köcheln lassen, bis der Reis das Wasser aufgenommen hat. Vom Herd nehmen und 10 Minuten ruhen lassen.
2. Während der Reis kocht, den Reisessig-Mix zubereiten: Reisessig, Zucker und Salz in einem kleinen Topf vermengen und erhitzen, bis sich Zucker und Salz aufgelöst haben. Beiseite stellen und abkühlen lassen.
3. Den abgekühlten Reisessig-Mix vorsichtig unter den gekochten Reis heben.
4. Ein Nori-Blatt mit der glänzenden Seite nach unten auf eine Sushi-Matte legen. Eine dünne Schicht Reis gleichmäßig darauf verteilen, dabei einen kleinen Rand an der Oberseite frei lassen.
5. Gemüsestreifen in der Mitte des Reises anordnen.
6. Mit Hilfe der Sushi-Matte die Rolle fest aufrollen. Die Enden der Nori-Blätter mit etwas Wasser befeuchten, um die Rolle zu versiegeln.
7. Mit einem scharfen Messer die Sushi-Rolle in 6-8 Stücke schneiden.
8. Mit Wasabi, Sojasauce und eingelegtem Ingwer servieren.

Tofu-Tikka Masala (Indien)

45 min | *3 Portionen*

Nährwerte p. P.: 350 kcal - 25 g Kohlenhydrate - 21 g Protein - 20 g Fett

Tikka Masala, mit seinen tiefen Gewürzaromen und seiner cremigen Soße, gilt weithin als eines der beliebtesten indischen Gerichte weltweit. Interessanterweise gibt es Debatten darüber, ob dieses Gericht tatsächlich aus Indien oder vielleicht aus Großbritannien stammt. Unabhängig von seinem Ursprung hat Tikka Masala einen festen Platz in der globalen kulinarischen Szene eingenommen. . In diesem veganen Rezept verwenden wir Tofu, ein vielseitiges Sojaprodukt, das perfekt Gewürze aufnimmt und als großartiger Fleischersatz dient. Das Zusammenspiel von traditionellen indischen Gewürzen und der Seidigkeit von Tofu führt zu einem Gericht, das sowohl herzhaft als auch sättigend ist, und zeigt die magische Fusion von Aromen in der indischen Küche.

Zutaten

400 g fester Tofu, in Würfel geschnitten
1 Zwiebel, fein gewürfelt
3 Knoblauchzehen, fein gehackt
1 Stück Ingwer (ca. 3 cm), gerieben
400 g gehackte Tomaten (Dose oder frisch)
200 ml Kokosmilch
2 TL Garam Masala
1 TL Kurkuma
1 TL Korianderpulver
1 TL Kreuzkümmel
1/2 TL Chilipulver (nach Geschmack)
2 EL Pflanzenöl
Salz nach Geschmack
Frischer Koriander, grob gehackt, zum Garnieren

Marinade für den Tofu

2 EL Sojajoghurt oder Kokosjoghurt
1 TL Garam Masala
1 TL Kurkuma
1 TL rotes Chilipulver
Salz nach Geschmack

Zubereitung

1. Tofuwürfel mit der Marinade vermengen und mindestens 30 Minuten, am besten über Nacht, im Kühlschrank marinieren.
2. In einer tiefen Pfanne oder einem Topf das Pflanzenöl erhitzen und die Zwiebeln darin goldbraun anbraten.
3. Knoblauch und Ingwer hinzufügen und für 1-2 Minuten weiterbraten.
4. Die Gewürze (Garam Masala, Kurkuma, Korianderpulver, Kreuzkümmel, Chilipulver) hinzufügen und alles gut vermengen.
5. Die gehackten Tomaten hinzugeben, umrühren und bei mittlerer Hitze 10 Minuten köcheln lassen.
6. Den marinierten Tofu zur Pfanne hinzufügen und weitere 10 Minuten köcheln lassen, bis der Tofu durchgegart und gut mit der Soße vermischt ist.
7. Die Kokosmilch hinzufügen, gut umrühren und das Tikka Masala nochmals 5 Minuten auf niedriger Flamme köcheln lassen.
8. Mit Salz abschmecken und nach Bedarf anpassen.
9. Das Tofu-Tikka Masala mit frischem Koriander garnieren und mit Basmatireis oder veganem Naanbrot servieren.

Bibimbap ohne Ei (Korea)

25 min *3 Portionen*

Nährwerte p. P.: 290 kcal - 48 g Kohlenhydrate - 8 g Protein - 7 g Fett

Bibimbap, wörtlich übersetzt "gemischter Reis", ist ein kulinarisches Meisterwerk aus Korea und repräsentiert die Harmonie und das Gleichgewicht der koreanischen Küche. In traditionellen Varianten wird es oft mit Fleisch und einem Spiegelei serviert. Doch die vegane Version dieses Gerichts betont die Vielfalt und Reichhaltigkeit von Gemüse, das sowohl in Farbe als auch in Geschmack variiert. Es wird oft in einer heißen Steinschale serviert, die den Reis knusprig macht. Unser veganes Rezept bietet eine Fülle von Aromen und Texturen, was es zu einem Genuss für alle Sinne macht. Das Beste daran? Es ist ebenso nahrhaft wie köstlich!

Zutaten

200 g Jasminreis oder ein anderer weißer Reis
1 Möhre, in dünne Streifen geschnitten
1 kleiner Zucchini, in dünne Scheiben geschnitten
100 g Spinat
1 rote Paprika, in dünne Streifen geschnitten
100 g Shiitake-Pilze, in Scheiben geschnitten
2 Frühlingszwiebeln, in dünne Ringe geschnitten
2 EL Sojasauce
1 EL Sesamöl
2 TL Gochujang (koreanische Chilipaste)
1 Knoblauchzehe, gehackt
Salz und Pfeffer nach Geschmack
Sesamsamen zum Garnieren

Zubereitung

1. Den Reis nach Packungsanleitung kochen.
2. Das Gemüse nacheinander in einer Pfanne oder einem Wok mit etwas Öl anbraten, bis es gar, aber noch bissfest ist. Jede Gemüsesorte separat anbraten und dann aus der Pfanne nehmen.
3. Die Shiitake-Pilze mit 1 EL Sojasauce und gehacktem Knoblauch in der Pfanne anbraten, bis sie weich sind.
4. Für die Soße Gochujang, Sesamöl, die restliche Sojasauce und etwas Pfeffer in einer kleinen Schüssel vermischen.
5. Den gekochten Reis in Schalen geben und das angebratene Gemüse sowie die Pilze darauf anrichten.
6. Die Soße darübergeben und das Bibimbap mit Frühlingszwiebeln und Sesamsamen garnieren.
7. Vor dem Essen alles gut vermischen.

Falafel und Hummus (Naher Osten)

45 min | *3 Portionen*

Nährwerte p. P.: 390 kcal - 55 g Kohlenhydrate - 15 g Protein - 12 g Fett

Dieses Gericht verkörpert die Einfachheit und Reinheit der veganen Küche, in der jede Zutat ihren eigenen Charakter beiträgt, um ein harmonisches Gesamtbild zu schaffen. Während die Tomaten ihre süßliche Säure beisteuern, sorgen die Bohnen für eine tiefe, nährende Basis, die durch ausgewählte Gewürze und Kräuter perfekt abgerundet wird.

Zutaten

Falafel

400 g Kichererbsen (über Nacht eingeweicht oder aus der Dose)
1 kleine Zwiebel, gehackt
2-3 Knoblauchzehen, gehackt
3 EL frischer Koriander, gehackt
3 EL frische Petersilie, gehackt
1 TL Kreuzkümmel
1 TL Koriandersamen (gemahlen)
1/2 TL Chilipulver oder Cayennepfeffer
1 TL Backpulver
Salz und Pfeffer nach Geschmack
2-3 EL Mehl
Öl zum Braten

Humus

400 g Kichererbsen (aus der Dose oder über Nacht eingeweicht und gekocht)
2-3 Knoblauchzehen
Saft von 1 Zitrone
2 EL Tahini (Sesampaste)
1 TL Kreuzkümmel
Salz und Pfeffer nach Geschmack
2-3 EL Olivenöl
Etwas Paprikapulver zum Garnieren
Petersilie zum Garnieren

Zubereitung

Falafel

1. Kichererbsen abtropfen lassen und im Mixer oder mit einem Pürierstab fein pürieren.
2. Die restlichen Zutaten hinzufügen und zu einer festen Masse verarbeiten.
3. Mit nassen Händen kleine Bällchen formen und leicht flach drücken.
4. In heißem Öl von beiden Seiten goldbraun braten.

Humus

1. Auf Küchenpapier abtropfen lassen.
2. Kichererbsen abtropfen lassen und im Mixer oder mit einem Pürierstab fein pürieren.
3. Knoblauch, Zitronensaft, Tahini, Kreuzkümmel, Salz und Pfeffer hinzufügen und weitermixen.
4. Während des Mixens langsam das Olivenöl hinzugießen, bis eine cremige Konsistenz erreicht ist.
5. In eine Schüssel geben, mit Paprikapulver und Petersilie garnieren.

Mapo Tofu (China)

15 min *2 Portionen*

Nährwerte p. P.: 325 kcal - 25 g Kohlenhydrate - 18 g Protein - 17 g Fett

Mapo Tofu, ein würziges Gericht aus der Sichuan-Küche Chinas, hat eine Geschichte, die bis ins 19. Jahrhundert zurückreicht. Es ist nach einer alten Dame namens "Mapo" benannt, die für ihr einzigartiges Tofu-Gericht bekannt war. In der traditionellen Zubereitung wird oft Hackfleisch verwendet, aber unser veganes Rezept setzt auf die Tiefe von Shiitake-Pilzen. Die charakteristische Schärfe des Gerichts stammt von der fermentierten schwarzen Bohnenpaste und Chilipaste. Das Resultat ist ein feurig-würziges Tofugericht, das sowohl Geschmack als auch Geschichte auf den Teller bringt. Ein Muss für Liebhaber der authentischen chinesischen Küche!

Zutaten

400 g fester Tofu, in Würfel geschnitten
3 EL Pflanzenöl
3 Knoblauchzehen, gehackt
1 EL Ingwer, fein gehackt
2 Frühlingszwiebeln, in Ringe geschnitten (weiße und grüne Teile getrennt)
100 g Shiitake-Pilze, fein gehackt (optional)
2 EL fermentierte schwarze Bohnenpaste (Doubanjiang)
1 EL Sojasauce
1 EL Reiswein oder trockener Sherry
1 TL Chilipaste (oder nach Geschmack)
1 Tasse Gemüsebrühe
2 TL Maisstärke, in 2 EL kaltem Wasser aufgelöst
1 TL geröstetes Sesamöl
Ein paar Tropfen Chilioil (optional)
Salz nach Geschmack

Zubereitung

1. In einer großen Pfanne oder einem Wok das Öl erhitzen. Knoblauch, Ingwer und die weißen Teile der Frühlingszwiebeln anbraten, bis sie aromatisch sind.
2. Die Shiitake-Pilze hinzufügen und 2-3 Minuten anbraten, bis sie weich sind.
3. Die fermentierte schwarze Bohnenpaste, Sojasauce, Reiswein und Chilipaste einrühren und gut vermischen.
4. Die Gemüsebrühe hinzufügen und zum Kochen bringen.
5. Den Tofu vorsichtig unterheben und 5 Minuten köcheln lassen, damit er die Aromen aufnimmt.
6. Die Maisstärke-Wasser-Mischung in die Pfanne geben und unter ständigem Rühren kochen, bis die Sauce eindickt.
7. Mit Salz abschmecken und das Sesamöl einrühren.
8. Das vegane Mapo Tofu mit den grünen Teilen der Frühlingszwiebeln und ein paar Tropfen Chilioil garnieren.

Adobo (Philippinen)

45 min *2 Portionen*

Nährwerte p. P.: 300 kcal - 30 g Kohlenhydrate - 15 g Protein - 14 g Fett

Adobo, oft als das inoffizielle Nationalgericht der Philippinen bezeichnet, spiegelt die reiche kulinarische Geschichte des Landes wider. Ursprünglich war Adobo eine Methode zur Konservierung von Fleisch durch Marinieren in Essig und Salz. Mit der Zeit wurde diese Methode zu einem geliebten Gericht, das in fast jedem philippinischen Haushalt zu finden ist. Unser veganes Adobo bietet eine innovative Abwandlung mit Tofu als Hauptzutat. Der charakteristische Geschmack von Essig und Sojasauce bleibt jedoch erhalten und ehrt die traditionelle Zubereitung.

Zutaten

300 g fester Tofu, in Würfel geschnitten
4 Knoblauchzehen, gehackt
2 Lorbeerblätter
1 Zwiebel, in dünne Scheiben geschnitten
3 EL Sojasauce
2 EL Apfelessig (oder weißer Essig)
1 Tasse Gemüsebrühe
2 EL Pflanzenöl
1 TL schwarze Pfefferkörner, ganz
1 TL Zucker (oder nach Geschmack)
2 Kartoffeln, in Würfel geschnitten (optional)
1 rote Paprika, in Streifen geschnitten (optional)
Frische Korianderblätter zum Garnieren (optional)

Zubereitung

1. In einer großen Pfanne oder einem Wok das Öl erhitzen und die Tofuwürfel goldbraun anbraten. Aus der Pfanne nehmen und beiseite stellen.
2. In derselben Pfanne Zwiebel und Knoblauch anbraten, bis sie weich und aromatisch sind.
3. Kartoffeln und Paprika hinzufügen und weitere 5 Minuten anbraten.
4. Sojasauce, Essig, Gemüsebrühe, Lorbeerblätter, Pfefferkörner und Zucker hinzufügen. Gut vermischen.
5. Den angebratenen Tofu wieder in die Pfanne geben und alles zum Kochen bringen.
6. Die Hitze reduzieren und 20-25 Minuten köcheln lassen, bis die Kartoffeln weich sind und die Sauce eingedickt ist.
7. Vor dem Servieren die Lorbeerblätter entfernen und mit frischen Korianderblättern garnieren, falls gewünscht.

Pho (Vietnam)

40 min *2 Portionen*

Nährwerte p. P.: 375 kcal - 75 g Kohlenhydrate - 12 g Protein - 3 g Fett

Pho, eine aromatische Suppe, die in den Straßen von Hanoi und Saigon entsprungen ist, ist ein Sinnbild für die vietnamesische Küche. Die traditionelle Pho besteht aus einer Brühe, Nudeln und Fleisch, oft Rind oder Huhn. Unsere vegane Variante setzt auf die Tiefe von geröstetem Gemüse und Sternanis, um diese charakteristische Geschmackstiefe zu erreichen. Historisch gesehen ist Pho ein Frühstücksgericht, wird aber heute zu jeder Tageszeit genossen. Mit frischen Kräutern und Limette serviert, bietet diese Suppe eine herzhafte, doch erfrischende Mahlzeit.

Zutaten

200 g Reisnudeln (flach und breit)
1 Zwiebel, halbiert und ungeschält
4 Knoblauchzehen, ungeschält
5 cm Ingwerstück, ungeschält
2 Liter Gemüsebrühe
3 Sternanis
1 Zimtstange
4 Nelken
3 EL Sojasauce
1 EL Zucker (oder Agavensirup)
200 g festen Tofu, in dünne Scheiben geschnitten
Frische Kräuter zum Garnieren: Koriander, Thai-Basilikum, Minze
2 Limetten, geviertelt
2 Frühlingszwiebeln, fein geschnitten
1 rote und grüne Chilischote, in dünne Scheiben geschnitten (optional)
Sojasprossen zum Servieren

Zubereitung

1. Die Zwiebel, den Knoblauch und den Ingwer in einer Pfanne ohne Öl oder direkt über einer Flamme anrösten, bis sie schwarz werden. Anschließend abkühlen lassen und die schwarzen Teile entfernen.
2. Gemüsebrühe in einem großen Topf zum Kochen bringen. Zwiebel, Knoblauch, Ingwer, Sternanis, Zimtstange, Nelken, Sojasauce und Zucker hinzufügen. Die Brühe 30 Minuten leicht köcheln lassen.
3. Währenddessen die Reisnudeln nach Packungsanweisung zubereiten.
4. Tofu in einer Pfanne mit etwas Öl knusprig anbraten.
5. Die Brühe durch ein Sieb gießen, um die Gewürze und das Gemüse zu entfernen.
6. Eine Schüssel mit den gekochten Nudeln füllen, Tofu darauflegen und mit der heißen Brühe übergießen.
7. Mit Frühlingszwiebeln, Kräutern, Limetten, Chilischoten und Sojasprossen servieren.

Momos (Nepal)

35 min | *2 Portionen (ca. 8-10 Teigtaschen)*

Nährwerte p. P.: 290 kcal - 50 g Kohlenhydrate - 8 g Protein - 6 g Fett

Die beeindruckenden Berge Nepals bergen nicht nur natürliche Schönheiten, sondern auch kulinarische Köstlichkeiten. Traditionell mit Fleisch oder Gemüse gefüllt, haben sie sich über die Grenzen Nepals hinaus einen Namen gemacht. Während ihre genaue Herkunft in den Nebeln der Geschichte liegt, wird oft angenommen, dass sie durch tibetische Händler nach Nepal gebracht wurden. Unsere vegane Version verzichtet auf Fleisch, lässt aber an Geschmack nichts missen.

Zutaten

Teig
2 Tassen Allzweckmehl
1/2 Teelöffel Salz
Wasser (nach Bedarf, etwa 3/4 Tasse)

Füllung
1 Tasse fein gehackter Weißkohl
1 Tasse fein gehackter Spinat
1/2 Tasse fein gehackte Karotten
1/4 Tasse fein gehackte Zwiebel
2 Knoblauchzehen, fein gehackt
1/2 Teelöffel Ingwer, gerieben
2 grüne Chilis, fein gehackt (optional)
1 Teelöffel Kurkuma
1 Teelöffel Kreuzkümmel
Salz nach Geschmack
1 Esslöffel Pflanzenöl

Zubereitung

1. **Für den Teig:** In einer Schüssel das Mehl und Salz vermengen. Wasser nach und nach hinzufügen und zu einem weichen, geschmeidigen Teig verkneten. 30 Minuten ruhen lassen.
2. **Für die Füllung:** Öl in einer Pfanne erhitzen. Zwiebeln, Knoblauch, Ingwer und grüne Chilis hinzufügen und anbraten, bis die Zwiebeln weich sind. Karotten, Weißkohl und Spinat hinzufügen. Mit Kurkuma, Kreuzkümmel und Salz würzen und kochen, bis das Gemüse weich ist. Beiseite stellen und abkühlen lassen.
3. Den Teig in kleine Bällchen teilen und jeden Ball zu einem kleinen Kreis ausrollen (ca. 10 cm Durchmesser).
4. Eine kleine Menge der Füllung in die Mitte jedes Teigkreises legen. Die Ränder anheben und in der Mitte zusammendrücken, um eine halbmondförmige Momo zu formen. Die Enden fest zusammendrücken.
5. Die Momos in einem Dampfgarer oder in einem Sieb über kochendem Wasser 10-12 Minuten dämpfen, bis der Teig durchsichtig wird.
6. Sofort servieren, begleitet von einer würzigen Tomatensauce oder Sojasauce.

Rendang (Malaysia)

90 min | *2 Portionen*

Nährwerte p. P.: 365 kcal - 20 g Kohlenhydrate - 15 g Protein - 25 g Fett

Rendang, ursprünglich aus dem Minangkabau-Hochland auf Sumatra, Indonesien stammend, hat in vielen südostasiatischen Ländern, einschließlich Malaysia, Popularität erlangt. Dieses langsam gekochte Trockencurry zeichnet sich durch seine reichen Aromen und seine tiefe, dunkle Farbe aus. Der Gebrauch von Zitronengras, Galgant und Kaffir-Limettenblättern bringt die Essenz Südostasiens in jeden Bissen. Ein echtes Geschmackserlebnis für alle, die die kulinarischen Schätze Asiens entdecken möchten.

Zutaten

300g fester Tofu, in Würfel geschnitten
2 Dosen Kokosmilch (800ml insgesamt)
2 Stangen Zitronengras, nur der weiße Teil, zerstoßen
3 Kaffir-Limettenblätter, zerstoßen
2 Sterneanis
1 Zimtstange
1 Teelöffel Tamarindenpaste
Salz nach Geschmack

Gewürzpaste
5 getrocknete Chilis (eingeweicht und entkernt)
3 Schalotten
3 Knoblauchzehen
1 daumengroßes Stück Ingwer
1 daumengroßes Stück Galgant
1 Teelöffel Kurkuma, gemahlen

Zubereitung

1. Beginnen Sie mit der Vorbereitung der Gewürzpaste. Alle Zutaten in einen Mixer geben und zu einer glatten Paste pürieren. Bei Bedarf ein wenig Wasser hinzufügen.
2. In einem großen Topf etwas Öl erhitzen. Die Gewürzpaste hinzufügen und anbraten, bis sie duftet.
3. Die Kokosmilch, Zitronengras, Kaffir-Limettenblätter, Sterneanis und die Zimtstange hinzufügen. Gut umrühren.
4. Den Tofu in den Topf geben und alles zum Kochen bringen. Die Tamarindenpaste und Salz hinzufügen und gut vermengen.
5. Lassen Sie das Rendang bei niedriger Hitze köcheln, bis die Kokosmilch reduziert ist und der Tofu die Aromen aufgenommen hat. Dies sollte etwa 1-1,5 Stunden dauern. Gelegentlich umrühren, um ein Anbrennen zu verhindern.
6. Wenn die Sauce die gewünschte Konsistenz erreicht hat und der Tofu gut durchzogen ist, das Rendang vom Herd nehmen und servieren. Ideal zu Reis oder Fladenbrot.

Laksa (Singapur)

45 min *2Portionen*

Nährwerte p. P.: 465 kcal - 60 g Kohlenhydrate - 15 g Protein - 18 g Fett

Singapur, ein kultureller Schmelztiegel, ist berühmt für seine vielfältige Küche. Das Laksa, eine köstliche Nudelsuppe, spiegelt diese Fusion perfekt wider. Traditionell mit Meeresfrüchten oder Hühnchen zubereitet, hat diese vegane Version dennoch alle charakteristischen Aromen: die Cremigkeit der Kokosmilch, die Schärfe der Chili und die Tiefe der Gewürze. Tofu ersetzt hier das traditionelle Protein und passt nahtlos in das Geschmacksprofil.

Zutaten

200 g Reisnudeln
200 g fester Tofu, in Würfel geschnitten
100 g Sojasprossen
1 rote Paprika, in Streifen geschnitten
2 Frühlingszwiebeln, in Ringe geschnitten
1 Limette, in Viertel geschnitten
Frischer Koriander zum Garnieren

Laksa-Paste

2 Schalotten, grob gehackt
3 Knoblauchzehen
1 daumengroßes Stück Ingwer, geschält und grob gehackt
2 Stängel Zitronengras, äußere Schichten entfernt und grob gehackt
2 rote Chilis, entkernt und grob gehackt
1 TL Kurkuma-Pulver
2 TL gemahlener Koriander
1 TL Tamarindenpaste

Kokosmilch-Sauce

400 ml Kokosmilch
500 ml Gemüsebrühe
2 TL Sojasauce
1 TL brauner Zucker

Zubereitung

1. Für die Laksa-Paste alle Zutaten in einen Mixer oder einen Mörser geben und zu einer feinen Paste verarbeiten.
2. In einem großen Topf einen Esslöffel Pflanzenöl erhitzen und die Laksa-Paste darin anbraten, bis sie duftet (etwa 2-3 Minuten).
3. Die Kokosmilch, Gemüsebrühe, Sojasauce und den braunen Zucker hinzufügen und zum Kochen bringen.
4. Den Tofu hinzufügen und 10-15 Minuten köcheln lassen, bis er gut durchgewärmt und mit der Sauce durchzogen ist.
5. Währenddessen die Reisnudeln nach Packungsanweisung zubereiten und abgießen.
6. Die Nudeln auf Schüsseln verteilen, mit der heißen Laksasauce und dem Tofu übergießen.
7. Mit Sojasprossen, Paprikastreifen und Frühlingszwiebeln belegen.
8. Mit frischem Koriander garnieren und mit einem Limettenviertel servieren.

BBQ (Mongolei)

45 min | *2 Portionen*

Nährwerte p. P.: 310 kcal - 25 g Kohlenhydrate - 19 g Protein - 15 g Fett

Mongolisches BBQ, traditionell bekannt als "Khorkhog", ist ein kulinarisches Highlight der mongolischen Nomadenkultur, bei dem Fleisch und Gemüse in einem geschlossenen Behälter mit heißen Steinen gekocht werden. Doch in dieser veganen Interpretation tauschen wir das Fleisch gegen herzhaften Tofu und lassen uns von den reichhaltigen und würzigen Aromen der traditionellen Marinaden inspirieren. Mongolische Küche legt großen Wert auf einfache, aber kraftvolle Zutaten, die den harten Klimabedingungen trotzen.

Zutaten

400 g festen Tofu, in dünne Scheiben geschnitten
3 EL Sojasauce
2 EL Hoisinsauce
1 EL Agavendicksaft oder Ahornsirup
2 Knoblauchzehen, fein gehackt
1 TL frischer Ingwer, gerieben
1 TL Chiliflocken (optional, je nach gewünschter Schärfe)
2 EL Sesamöl
1 Paprika, in dünne Streifen geschnitten
1 Zwiebel, in dünne Ringe geschnitten
2 Frühlingszwiebeln, in Ringe geschnitten
Sesamsamen zum Garnieren

Zubereitung

1. In einer mittelgroßen Schüssel Sojasauce, Hoisinsauce, Agavendicksaft, Knoblauch, Ingwer und Chiliflocken vermischen.
2. Die Tofuscheiben in die Marinade legen und sicherstellen, dass jede Scheibe gut bedeckt ist. Mindestens 30 Minuten oder über Nacht im Kühlschrank marinieren.
3. In einer großen Pfanne oder einem Wok das Sesamöl erhitzen. Die Tofuscheiben aus der Marinade nehmen und 2-3 Minuten auf jeder Seite anbraten, bis sie goldbraun und leicht knusprig sind.
4. Paprika und Zwiebel hinzufügen und weitere 3-4 Minuten braten.
5. Den restlichen Marinade über das Gemüse und den Tofu gießen und gut vermischen. 2-3 Minuten kochen lassen, bis alles gut erhitzt ist.
6. Mit Frühlingszwiebeln und Sesamsamen garnieren und sofort servieren. Perfekt mit Reis oder Glasnudeln.

Afrika

Gemüse-Tajine (Marokko)

Chakalaka (Südafrika)

Erdnuss-Suppe (Westafrika)

Kokos-Bohnen-Curry (Tansania)

Nkatenkwan oder Spinateintopf mit Erdnüssen(Ghana)

Loubia oder Bohneneintopf (Algerien)

Sukuma Wiki oder Grünkohleintopf (Kenia)

Yam-Eintopf (Nigeria)

Voanjobory oder Bambara-Erdnuss-Suppe(Madagaskar)

Berber-Eintopf (Marokko)

Gemüse-Tajine (Marokko)

55 min *2 Portionen*

Nährwerte p. P.: 245 kcal - 45 g Kohlenhydrate - 5 g Protein - 5 g Fett

Die Tajine, ein konischer Ton- oder Keramiktopf, ist in der marokkanischen Küche weit mehr als nur Geschirr: Sie ist das Herzstück vieler traditioneller Gerichte. Die Gemüse-Tajine, eine köstliche Mischung aus Gemüse, Hülsenfrüchten und Gewürzen, verkörpert den Reichtum und die Vielfalt marokkanischer Aromen. In diesem Rezept verwenden wir Ras el Hanout, eine charakteristische Gewürzmischung Marokkos, die oft über 10 Einzelgewürze beinhaltet. Trockenfrüchte, oft in Tajines zu finden, geben dem Gericht eine süße Note, die das kräftige Aroma wunderbar ergänzt.

Zutaten

2 EL Olivenöl
1 Zwiebel, gewürfelt
2 Knoblauchzehen, gehackt
2 Karotten, in Scheiben geschnitten
1 rote Paprika, gewürfelt
1 Zucchini, in Halbmonde geschnitten
2 Tomaten, gewürfelt
1 Süßkartoffel, gewürfelt
1/2 Tasse Kichererbsen (vorgekocht oder aus der Dose)
3 Tassen Gemüsebrühe
2 TL Ras el Hanout (marokkanische Gewürzmischung)
1 TL Kreuzkümmel, gemahlen
1 TL Paprika, gemahlen
1/2 TL Zimt, gemahlen
1/4 TL Cayennepfeffer (optional)
1 Handvoll Trockenfrüchte (z.B. Rosinen, Datteln oder Aprikosen), grob gehackt
Salz und Pfeffer nach Geschmack
Frischer Koriander und Minze zum Garnieren

Zubereitung

1. Das Olivenöl in einer Tajine oder einem schweren Topf erhitzen. Zwiebel und Knoblauch darin andünsten, bis sie glasig sind.
2. Karotten, Paprika, Zucchini, Tomaten und Süßkartoffel hinzufügen und weitere 5 Minuten anbraten.
3. Die Gewürze und Kichererbsen dazugeben und gut umrühren, sodass alles gut mit den Gewürzen bedeckt ist.
4. Gemüsebrühe hinzufügen und zum Kochen bringen.
5. Die Hitze reduzieren und die Tajine zugedeckt 40-45 Minuten köcheln lassen oder bis das Gemüse weich ist.
6. Trockenfrüchte hinzufügen und weitere 10 Minuten köcheln lassen.
7. Mit Salz und Pfeffer abschmecken und vor dem Servieren mit frischem Koriander und Minze garnieren.

Chakalaka (Südafrika)

35 min | *2 Portionen*

Nährwerte p. P.: 260 kcal - 35 g Kohlenhydrate - 7 g Protein - 10 g Fett

Chakalaka ist ein traditionelles südafrikanisches Relish, das oft zu Brot, gegrilltem Fleisch oder als Beilage serviert wird. Ursprünglich von Minenarbeitern entwickelt, hat es seine Wurzeln in den Townships von Johannesburg. Es zeichnet sich durch seine feurige Schärfe und seinen reichhaltigen Geschmack aus. In unserem veganen Rezept werden Fleisch und tierische Produkte weggelassen, aber der charakteristische Geschmack bleibt erhalten. Weißbohnen verleihen dem Gericht Körper, während Gewürze wie Currypulver und Cayennepfeffer ihm seine unverwechselbare Würze geben. Ein köstliches, sättigendes und authentisches Geschmackserlebnis aus dem Herzen Südafrikas!

Zutaten

2 EL Sonnenblumenöl
1 große Zwiebel, gewürfelt
2 Knoblauchzehen, fein gehackt
1 rote Paprika, gewürfelt
1 grüne Paprika, gewürfelt
2 Karotten, grob geraspelt
2 Tomaten, gewürfelt
1 Dose (400 g) weiße Bohnen, abgetropft und gewaschen
2 EL Currypulver
1 TL Paprikapulver
1/2 TL Cayennepfeffer (optional, für zusätzliche Schärfe)
1 TL Ingwer, frisch gerieben
Salz und Pfeffer nach Geschmack
2 Frühlingszwiebeln, in Ringe geschnitten, zum Garnieren
Frische Korianderblätter, grob gehackt, zum Garnieren

Zubereitung

1. Das Öl in einer großen Pfanne oder einem Topf erhitzen. Zwiebeln und Knoblauch darin anbraten, bis sie weich und durchsichtig sind.
2. Paprika hinzufügen und weitere 3-4 Minuten braten.
3. Karotten, Tomaten, Currypulver, Paprikapulver, Cayennepfeffer und Ingwer hinzufügen. Gut umrühren und 5 Minuten köcheln lassen.
4. Die weißen Bohnen hinzufügen und alles gut vermischen. Bei mittlerer Hitze 10-15 Minuten köcheln lassen, dabei regelmäßig umrühren.
5. Mit Salz und Pfeffer abschmecken.
6. Vor dem Servieren mit Frühlingszwiebeln und Koriander garnieren.

Erdnuss-Suppe (Westafrika)

35 min *2 Portionen*

Nährwerte p. P.: 385 kcal - 25 g Kohlenhydrate - 12 g Protein - 26 g Fett

Die westafrikanische Erdnuss-Suppe, oft auch "Groundnut Soup" genannt, ist eine herzhafte Delikatesse, die tief in der kulinarischen Tradition vieler westafrikanischer Länder verwurzelt ist. Sie vereint die reichhaltigen Aromen von Erdnüssen, Gewürzen und Gemüse in einer cremigen Textur. Erdnüsse, ursprünglich aus Südamerika stammend, fanden ihren Weg nach Afrika durch europäische Händler und wurden schnell zu einem Grundnahrungsmittel der Region.

Zutaten

2 EL Kokosöl oder Erdnussöl
1 große Zwiebel, gewürfelt
3 Knoblauchzehen, gehackt
1 EL frischer Ingwer, gerieben
1 rote Chili, entkernt und fein gehackt (optional, je nach Schärfebedarf)
2 EL Tomatenmark
400 ml gehackte Tomaten (aus der Dose oder frisch)
500 ml Gemüsebrühe
250 g ungesüßte Erdnussbutter (cremig)
200 g Süßkartoffeln, geschält und gewürfelt
1 TL Kreuzkümmel (gemahlen)
1 TL Koriander (gemahlen)
Salz und Pfeffer nach Geschmack
Frischer Koriander und geröstete Erdnüsse zum Garnieren

Zubereitung

1. In einem großen Topf das Öl erhitzen und die Zwiebel darin glasig dünsten.
2. Knoblauch, Ingwer und Chili hinzufügen und weitere 2-3 Minuten dünsten.
3. Tomatenmark, gehackte Tomaten, Gewürze und Gemüsebrühe hinzufügen. Zum Kochen bringen.
4. Erdnussbutter unterrühren, bis sie sich vollständig aufgelöst hat.
5. Süßkartoffeln hinzufügen und bei mittlerer Hitze 20-25 Minuten köcheln lassen, bis sie weich sind.
6. Mit Salz und Pfeffer abschmecken.
7. Die Suppe in Schüsseln servieren, mit frischem Koriander und gerösteten Erdnüssen garnieren.

Kokos-Bohnen-Curry (Tansania)

40 min | *2 Portionen*

Nährwerte p. P.: 390 kcal - 48 g Kohlenhydrate - 9 g Protein - 18 g Fett

Das tansanische Kokos-Bohnen-Curry ist ein herzhaftes Gericht, das tief in der kulinarischen Tradition Ostafrikas verwurzelt ist. In Tansania, wo eine Vielzahl von Gewürzen aufgrund des historischen Handels mit der arabischen Welt und Asien verfügbar ist, nimmt die Küche oft eine pikante Note an. Die Kombination aus Kokosmilch und Bohnen liefert nicht nur ein reichhaltiges und cremiges Aroma, sondern auch wertvolle Proteine und Ballaststoffe. In ländlichen Gegenden Tansanias sind Bohnen ein Hauptnahrungsmittel und werden oft in Kombination mit Maisbrei serviert.

Zutaten

300 g getrocknete Kidneybohnen (über Nacht eingeweicht und abgetropft)
1 mittelgroße Zwiebel, fein gehackt
1 Süßkartoffel, gewürfelt
3 Knoblauchzehen, fein gehackt
1 Stück Ingwer (ca. 2 cm), gerieben
2 mittelgroße Tomaten, gewürfelt
1 Dose Kokosmilch (ca. 400 ml)
2 TL Kurkuma
1 TL Kreuzkümmel
1 TL Koriandersamen, gemahlen
1/2 TL Cayennepfeffer (optional für etwas Schärfe)
2 EL Kokosöl oder Pflanzenöl
Salz und Pfeffer nach Geschmack
Frischer Koriander zum Garnieren

Zubereitung

1. Die eingeweichten Bohnen in einem großen Topf mit ausreichend Wasser bedecken und zum Kochen bringen. Dann die Hitze reduzieren und die Bohnen 1-1,5 Stunden köcheln lassen, bis sie weich sind. Abgießen und beiseite stellen.
2. In einem großen Topf oder einer Pfanne das Öl erhitzen. Zwiebel, Knoblauch und Ingwer darin anbraten, bis die Zwiebeln glasig sind.
3. Tomaten, Süßkartoffel, Kurkuma, Kreuzkümmel, gemahlenen Koriandersamen und Cayennepfeffer hinzufügen. Alles gut umrühren und 5 Minuten köcheln lassen.
4. Die vorgekochten Bohnen und die Kokosmilch hinzufügen. Alles zum Kochen bringen, dann die Hitze reduzieren und 20-30 Minuten sanft köcheln lassen, bis die Bohnen die Aromen der Gewürze aufgenommen haben und das Curry sämig ist.
5. Mit Salz und Pfeffer abschmecken und mit frischem Koriander garnieren.
6. Mit Reis servieren.

Nkatenkwan oder Spinateintopf (Ghana)

35 min *2 Portionen*

Nährwerte p. P.: 345 kcal - 25 g Kohlenhydrate - 14 g Protein - 21 g Fett

Ghanaisches Spinatstew mit Erdnüssen, bekannt als Nkatenkwan, ist ein traditionelles Gericht, das tief in der ghanaischen Kultur verwurzelt ist. Ursprünglich mit Huhn oder Ziegenfleisch zubereitet, hat diese vegane Version all die reichhaltigen und erdigen Aromen, die man von einem westafrikanischen Eintopf erwarten würde. Erdnüsse, in vielen Teilen Afrikas auch als Groundnuts bezeichnet, spielen in der westafrikanischen Küche eine zentrale Rolle und verleihen dem Stew eine cremige Textur und einen nussigen Geschmack. Zusammen mit Spinat und typischen Gewürzen wie Ingwer und Chili bildet dieses Gericht eine nahrhafte und herzhafte Mahlzeit.

Zutaten

500g frischer Spinat (gewaschen und grob gehackt)
2 mittelgroße Kartoffeln
1 Zwiebel (gewürfelt)
2 Knoblauchzehen (gehackt)
1 große Tomate, gewürfelt
2 EL Ingwer (gerieben)
200g Erdnussbutter (ohne Zusätze)
1-2 Chilischoten (je nach Schärfe, entkernt und fein gehackt)
400ml Tomatenpassata oder pürierte Tomaten
200ml Gemüsebrühe
2 EL Palmöl oder ein anderes Pflanzenöl
Salz und Pfeffer zum Abschmecken

Zubereitung

1. In einem großen Topf das Öl erhitzen und die gewürfelte Zwiebel, den Knoblauch und den Ingwer darin anbraten, bis die Zwiebel glasig ist.
2. Die Chilischoten, Kartoffeln und die gewürfelten Tomaten hinzufügen und kurz mitbraten.
3. Tomatenpassata und Gemüsebrühe hinzufügen und zum Kochen bringen.
4. Die Erdnussbutter einrühren, bis sie sich gut mit der Flüssigkeit vermischt hat.
5. Den gehackten Spinat hinzufügen und alles gut verrühren. Das Stew für ca. 20-25 Minuten auf niedriger bis mittlerer Hitze köcheln lassen.
6. Mit Salz und Pfeffer abschmecken.
7. Warm servieren, idealerweise mit Reis oder traditionellem ghanaischem Fufu.

Loubia oder Bohneneintopf (Algerien)

100 min | *2 Portionen*

Nährwerte p. P.: 290 kcal - 45 g Kohlenhydrate - 11 g Protein - 7 g Fett

Algerisches Loubia, ein traditioneller Bohneneintopf, ist in Nordafrika tief verwurzelt und gilt als wahres Soulfood. Weiße Bohnen bilden das Herzstück dieses Gerichts und sind eine hervorragende pflanzliche Proteinquelle. Zusammen mit den aromatischen Gewürzen wie Kreuzkümmel und Paprika wird ein herzhaftes Aroma erzeugt, das an die warmen Küsten des Mittelmeers erinnert.

Zutaten

500g weiße Bohnen (über Nacht eingeweicht)
3 EL Olivenöl
1 große Zwiebel, fein gewürfelt
4 Knoblauchzehen, fein gehackt
2 Karotten, in kleine Würfel geschnitten
400g gehackte Tomaten (aus der Dose oder frisch)
2 TL Tomatenmark
1 TL Kreuzkümmel
1 TL Paprika (süß oder scharf, je nach Vorliebe)
1/2 TL Cayennepfeffer (optional für etwas Schärfe)
Salz und Pfeffer nach Geschmack
1 Liter Gemüsebrühe
1 Bund Koriander oder Petersilie, gehackt

Zubereitung

1. Das Olivenöl in einem großen Topf erhitzen und die Zwiebeln darin glasig dünsten.
2. Knoblauch und Karotten hinzufügen und einige Minuten anbraten.
3. Das Tomatenmark hinzugeben und gut umrühren, dann die gehackten Tomaten und die Gewürze (Kreuzkümmel, Paprika, Cayennepfeffer, Salz und Pfeffer) hinzufügen.
4. Die eingeweichten Bohnen und die Gemüsebrühe in den Topf geben und zum Kochen bringen.
5. Die Hitze reduzieren und den Eintopf etwa 1-1,5 Stunden köcheln lassen, bis die Bohnen weich sind.
6. Abschmecken und bei Bedarf nachwürzen.
7. Vor dem Servieren mit frisch gehacktem Koriander oder Petersilie bestreuen.

Sukuma Wiki oder Grünkohleintopf (Kenia)

45 min *2 Portionen*

Nährwerte p. P.: 350 kcal - 45 g Kohlenhydrate - 15 g Protein - 12 g Fett

Sukuma Wiki, was in Swahili "Wochenstreckung" bedeutet, ist ein populäres Gericht in Ostafrika, insbesondere in Kenia. Es spiegelt die Idee wider, dass dieses nährstoffreiche Gericht hilft, die Familie bis zum Ende der Woche satt zu halten. Grünkohl, der Hauptbestandteil, ist nicht nur in Afrika, sondern weltweit für seine gesundheitlichen Vorteile bekannt. In Kombination mit den kräftigen Gewürzen und Aromen wird dieses einfache Gericht zu einer Geschmacksexplosion.

Zutaten

500g Grünkohl, gewaschen und grob gehackt
2 große Tomaten, gewürfelt
2 Zwiebeln, fein gewürfelt
3 Knoblauchzehen, fein gehackt
1 rote Paprika, gewürfelt
2 EL Kokosöl oder Pflanzenöl
1 TL Kreuzkümmel
1 TL Kurkuma
1 TL Cayennepfeffer (nach Geschmack)
Salz und Pfeffer nach Geschmack
250 ml Gemüsebrühe
1 EL Zitronensaft
2 EL Erdnussbutter (optional, für zusätzliche Cremigkeit)

Zubereitung

1. Erhitzen Sie das Öl in einer tiefen Pfanne oder einem Topf. Fügen Sie die Zwiebeln und den Knoblauch hinzu und dünsten Sie sie, bis sie weich und transluzent sind.
2. Fügen Sie die Tomaten und die Paprika hinzu und kochen Sie sie etwa 5 Minuten lang oder bis sie weich sind.
3. Die Gewürze (Kreuzkümmel, Kurkuma, Cayennepfeffer) hinzufügen und gut umrühren, bis alles gut vermischt ist.
4. Den Grünkohl hinzufügen und unter ständigem Rühren kochen, bis er leicht welk ist.
5. Die Gemüsebrühe und den Zitronensaft hinzufügen und alles gut vermischen.
6. Zum Köcheln bringen, die Hitze reduzieren und ca. 20-25 Minuten köcheln lassen, bis der Grünkohl zart und die Flüssigkeit reduziert ist.
7. Für zusätzliche Cremigkeit und Geschmack die Erdnussbutter einrühren, falls gewünscht.
8. Mit Salz und Pfeffer abschmecken.
9. Warm servieren, idealerweise mit Fladenbrot oder Reis.

Yam-Eintopf (Nigeria)

35 min | *2 Portionen*

Nährwerte p. P.: 260 kcal - 45 g Kohlenhydrate - 5 g Protein - 7 g Fett

Der Yam-Eintopf, in Nigeria auch als "Asaro" bekannt, ist ein traditionelles Gericht, das tief in der nigerianischen Kultur verwurzelt ist. Yams sind in vielen Teilen Westafrikas ein Grundnahrungsmittel und spielen eine zentrale Rolle bei kulturellen Feierlichkeiten. Unsere vegane Version dieses herzhaften Eintopfs verzichtet auf Fleisch, ohne dabei an Geschmack oder Textur zu verlieren. Das rote Palmöl verleiht dem Gericht eine charakteristische goldene Farbe und einen einzigartigen Geschmack.

Zutaten

500 g Yamswurzel, geschält und in dicke Runden geschnitten
2 Tomaten, grob gehackt
1 rote Paprika, entkernt und grob gehackt
1 Zwiebel, gewürfelt
2 Knoblauchzehen, fein gehackt
1 Stück Ingwer (ca. 2 cm), fein gehackt
2 EL rote Palmöl (alternativ kann auch anderes Öl verwendet werden)
2 TL gemahlener Paprika
1 TL Kreuzkümmel
1 TL Thymian
1/2 TL gemahlener Koriander
2-3 Tassen Gemüsebrühe
Salz und Pfeffer nach Geschmack
Frischer Koriander oder Petersilie zum Garnieren

Zubereitung

1. In einem großen Topf das Palmöl erhitzen. Die Zwiebeln, Knoblauch und Ingwer hinzufügen und anbraten, bis sie weich und duftend sind.
2. Die Tomaten und Paprika hinzufügen und weitere 5 Minuten kochen lassen.
3. Die Yamswurzelscheiben in den Topf geben und gut umrühren, damit sie mit der Gewürzmischung bedeckt sind.
4. Gemahlener Paprika, Kreuzkümmel, Thymian und gemahlener Koriander hinzufügen. Gut umrühren.
5. Die Gemüsebrühe hinzugießen, bis die Yamswurzelscheiben bedeckt sind. Mit Salz und Pfeffer abschmecken.
6. Den Eintopf zum Kochen bringen, dann die Hitze reduzieren und 20-25 Minuten köcheln lassen, bis die Yamswurzel weich ist.
7. Mit frischem Koriander oder Petersilie garnieren und heiß servieren.

Bambara-Erdnuss-Suppe (Madagaskar)

100 min *2 Portionen*

Nährwerte p. P.: 365 kcal - 35 g Kohlenhydrate - 11 g Protein - 20 g Fett

Die Küche Madagaskars ist ein faszinierendes Zusammentreffen von afrikanischen, asiatischen und europäischen Einflüssen. Eines ihrer traditionellen Gerichte ist die Voanjobory, eine Suppe aus Bambara-Erdnüssen. Diese spezielle Erdnussart, die in Afrika heimisch ist, ist nicht nur schmackhaft, sondern auch reich an Proteinen und Nährstoffen. In unserem veganen Twist auf dieses Gericht ersetzen wir tierische Produkte und setzen auf die Cremigkeit von Kokosmilch.

Zutaten

200 g getrocknete Bambara-Erdnüsse (Voanjobory), über Nacht eingeweicht und abgetropft (optional beliebige Hülsenfrüchte)
2 EL Kokosöl oder Erdnussöl
1 große Zwiebel, gewürfelt
3 Knoblauchzehen, fein gehackt
1 Ingwerstück (ca. 3 cm), fein gehackt
1-2 grüne Chilis, entkernt und fein gehackt (je nach Schärfe)
400 ml gehackte Tomaten (Dose oder frisch)
400 ml Kokosmilch
1 TL Kurkuma
1 TL Kreuzkümmel, gemahlen
Salz und Pfeffer nach Geschmack
Frischer Koriander oder Petersilie zum Garnieren
Optional: Frisches Gemüse nach Wahl, z.B. Karotten oder Süßkartoffeln, gewürfelt

Zubereitung

1. In einem großen Topf das Öl erhitzen und die Zwiebeln darin glasig dünsten. Knoblauch, Ingwer und Chili hinzufügen und weitere 2-3 Minuten anbraten.
2. Die eingeweichten Bambara-Erdnüsse hinzufügen und kurz mitanbraten.
3. Mit den gehackten Tomaten und Kokosmilch ablöschen. Kurkuma und Kreuzkümmel unterrühren und zum Kochen bringen.
4. Auf mittlerer Hitze ca. 1-1,5 Stunden köcheln lassen, bis die Bambara-Erdnüsse weich sind. Bei Bedarf zusätzliches Wasser oder Gemüsebrühe hinzufügen.
5. Falls zusätzliches Gemüse verwendet wird, dieses etwa 30 Minuten vor Ende der Kochzeit hinzufügen.
6. Mit Salz und Pfeffer abschmecken und mit frischem Koriander oder Petersilie garnieren.
7. Warm servieren, idealerweise mit Reis oder einem rustikalen Brot.

Berber-Eintopf (Marokko)

35 min | *2 Portionen*

Nährwerte p. P.: 310 kcal - 45 g Kohlenhydrate - 9 g Protein - 10 g Fett

Der marokkanische Berber-Eintopf, oft in den ländlichen Regionen des Atlasgebirges zubereitet, ist ein Symbol für die reiche Kultur und Tradition der Berber. Er erzählt Geschichten von Nomaden, die durch die Wüsten und Berge Marokkos zogen. Kichererbsen, ein Hauptbestandteil in der marokkanischen Küche, liefern hier die nötige Proteinquelle. Eine Mischung aus erdigen und warmen Gewürzen, ergänzt durch frisches Gemüse, sorgt für ein harmonisches Gleichgewicht.

Zutaten

1 große Zwiebel, gewürfelt
3 Knoblauchzehen, gehackt
2 Karotten, gewürfelt
2 Süßkartoffeln, gewürfelt
1 rote Paprika, gewürfelt
1 Zucchini, gewürfelt
400 g Kichererbsen aus der Dose, abgespült und abgetropft
400 g gewürfelte Tomaten aus der Dose
750 ml Gemüsebrühe
3 EL Olivenöl
2 TL Kreuzkümmel, gemahlen
2 TL Koriander, gemahlen
1 TL Kurkuma
1/2 TL Cayennepfeffer
1 TL Zimt
Salz und Pfeffer nach Geschmack
1 Handvoll frischer Koriander, grob gehackt (zum Garnieren)

Zubereitung

1. In einem großen Topf das Olivenöl erhitzen und die Zwiebeln und den Knoblauch darin anbraten, bis sie glasig sind.
2. Karotten, Süßkartoffeln, Paprika und Zucchini hinzufügen und weitere 5-7 Minuten anbraten.
3. Die Gewürze (Kreuzkümmel, Koriander, Kurkuma, Cayennepfeffer und Zimt) hinzufügen und gut umrühren, sodass das Gemüse gut mit den Gewürzen bedeckt ist.
4. Die gewürfelten Tomaten, Kichererbsen und Gemüsebrühe hinzufügen. Alles gut verrühren.
5. Den Eintopf zum Kochen bringen, dann die Hitze reduzieren und bei niedriger Hitze 20-25 Minuten köcheln lassen, bis das Gemüse weich ist.
6. Mit Salz und Pfeffer abschmecken und bei Bedarf nachwürzen.
7. Den Berber-Eintopf in Schalen servieren, mit frischem Koriander garnieren und genießen!

Nordamerika

Tex-Mex Burrito (Südwesten der USA)

Avocado-Ceviche (Mexiko)

Blaubeer-Pfannkuchen (USA)

Südstaaten-Gemüsesuppe (USA)

Cajun Tofu (USA)

Pozole Verde (Mexiko)

Pflaumen-Chutney (Kanada)

Enchiladas Verdes (Mexiko)

BBQ-Pulled-Jackfruit-Sandwich (USA)

Nanaimo-Bars (Kanada)

Tex-Mex Burrito (USA)

25 min *4 Portionen*

Nährwerte p. P.: 485 kcal - 65 g Kohlenhydrate - 15 g Protein - 18 g Fett

Der Tex-Mex Burrito hat seine Wurzeln in der lebhaften kulinarischen Fusion von Texas und Mexiko, wobei "Tex-Mex" tatsächlich ein neomexikanischer Stil ist, der in den USA entstanden ist. Ursprünglich als einfacher Bohnen- und Reis-Wrap begonnen, hat sich der Burrito zu einem vielseitigen Gericht entwickelt, das unzählige Füllungen aufnehmen kann. Unsere vegane Version verleiht diesem Klassiker einen gesunden und tierfreundlichen Dreh, ohne dabei an Geschmack oder Textur zu sparen.

Zutaten

2 Tassen gekochter brauner Reis
200 g veganes "Hackfleisch"
1 Dose schwarze Bohnen (ca. 400 g), abgespült und abgetropft
1 Tasse Maiskörner (frisch oder tiefgekühlt)
1 rote Paprika, gewürfelt
1 rote Zwiebel, fein gehackt
2 Knoblauchzehen, gehackt
2 Avocados, in Scheiben geschnitten
1 Tasse Salsa (nach Wahl)
1 TL Kreuzkümmel (Cumin)
1 TL Chilipulver
Salz und Pfeffer nach Geschmack
4 große Weizen- oder Maistortillas
Frischer Koriander (optional)
Saft von 1 Limette
2 EL Olivenöl

Zubereitung

1. **Bohnen-Mais-Mischung vorbereiten:** In einer großen Pfanne das Olivenöl erhitzen. Zwiebeln und Knoblauch darin anbraten, bis sie weich sind. Schwarze Bohnen, "Hackfleisch", Mais, Paprika, Kreuzkümmel und Chilipulver hinzufügen. Unter gelegentlichem Rühren 5-7 Minuten kochen lassen. Mit Limettensaft, Salz und Pfeffer abschmecken und vom Herd nehmen.
2. **Tortillas erwärmen:** Tortillas nach Packungsanweisung oder in einer trockenen Pfanne auf beiden Seiten kurz erhitzen, bis sie weich und flexibel sind.
3. **Burritos füllen:** Eine Portion Reis in die Mitte der Tortilla geben, gefolgt von der Bohnen-Mais-Mischung, einigen Avocado-Scheiben, Salsa und frischem Koriander.
4. **Burritos rollen:** Die Seiten der Tortilla über die Füllung klappen und dann von unten beginnend straff aufrollen.
5. **Servieren:** Den Burrito halbieren und sofort servieren. Optional mit zusätzlicher Salsa, Guacamole oder veganem Sauerrahm garnieren.

Avocado-Ceviche (Mexiko)

45 min | *3 Portionen*

Nährwerte p. P.: 390 kcal - 40 g Kohlenhydrate - 8 g Protein - 22 g Fett

Avocado-Ceviche bietet eine vegane Interpretation des klassischen lateinamerikanischen Gerichts, das traditionell mit rohem Fisch zubereitet wird. Durch den Einsatz von Avocado anstelle von Fisch erhalten wir eine cremige Textur, die wunderbar mit den säuerlichen Noten des Limettensafts harmoniert. Ursprünglich aus Peru stammend, hat sich Ceviche in vielen Ländern Lateinamerikas zu einer Delikatesse entwickelt.

Zutaten

2 reife Avocados, gewürfelt
1 rote Zwiebel, in Ringe geschnitten
1 rote Paprika, fein gewürfelt
200 g Mais
1-2 Chilischoten (je nach Schärfevorliebe), fein gehackt
Saft von 3 Limetten
1 Handvoll frischer Koriander, gehackt
1 EL Olivenöl
Salz und Pfeffer nach Geschmack
Optional: 1/2 Tasse gekochte und abgekühlte Edamame oder Maiskörner

Zubereitung

1. In einer großen Schüssel Limettensaft, Olivenöl, Salz und Pfeffer vermengen.
2. Avocado, Zwiebel, Paprika, Mais und Chili hinzufügen und vorsichtig vermischen, um sicherzustellen, dass die Avocado nicht zerdrückt wird.
3. Wenn gewünscht, Edamame oder Mais hinzufügen.
4. Mit frischem Koriander garnieren.
5. Mindestens 30 Minuten im Kühlschrank ziehen lassen. Je länger die Ceviche zieht, desto intensiver wird der Geschmack.
6. Vor dem Servieren nochmals abschmecken und ggf. nachwürzen.
7. Mit Tortilla-Chips oder als Beilage zu einem Salat servieren.

Blaubeer-Pfannkuchen (USA)

25 min · 2 Portionen (ca. 6-8 Pfannkuchen)

Nährwerte p. P.: 370 kcal - 65 g Kohlenhydrate - 9 g Protein - 9 g Fett

Amerikanische Blaubeer-Pfannkuchen, auch bekannt als "Blueberry Pancakes", sind ein Frühstücksklassiker, der den Morgen aufheitert. Ursprünglich stammen sie aus Nordamerika, wo Blaubeeren in freier Wildbahn wachsen und traditionell in vielen Gerichten verwendet werden. Diese süßen, fluffigen Pfannkuchen sind nicht nur ein Geschmackserlebnis, sondern auch eine wunderbare Quelle für Antioxidantien, dank der Blaubeeren.

Zutaten

240 ml Mandelmilch (oder eine andere Pflanzenmilch Ihrer Wahl)
1 EL Apfelessig
210 g Weizenmehl
2 EL Zucker (alternativ Ahornsirup oder ein anderer Süßstoff)
1 TL Backpulver
1/2 TL Natron
1/4 TL Salz
2 EL geschmolzenes Kokosöl (plus zusätzliches für die Pfanne)
1 TL Vanilleextrakt
200 g frische Blaubeeren

Zubereitung

1. Buttermilchersatz herstellen: Mandelmilch und Apfelessig in einer kleinen Schüssel vermengen und etwa 5 Minuten ruhen lassen.
2. In einer großen Schüssel das Mehl, den Zucker, das Backpulver, das Natron und das Salz vermischen.
3. Das Kokosöl und den Vanilleextrakt in die Mandelmilch-Mischung geben und gut verrühren.
4. Die flüssige Mischung zur trockenen Mischung hinzufügen und so lange rühren, bis alles gut vermischt ist. Die Blaubeeren unterheben.
5. Eine Pfanne auf mittlerer Hitze erhitzen und leicht mit Kokosöl bestreichen.
6. Für jeden Pfannkuchen etwa 1/4 Tasse Teig in die Pfanne geben. Kochen, bis die Ränder fest sind und sich Blasen bilden, dann wenden und von der anderen Seite goldbraun backen.
7. Die Pfannkuchen warm servieren, z.B. mit Ahornsirup, veganer Butter oder weiteren frischen Blaubeeren.

Südstaaten-Gemüsesuppe (USA)

25 min | *2 Portionen*

Nährwerte p. P.: 325 kcal - 65 g Kohlenhydrate - 10 g Protein - 5 g Fett

Die amerikanischen Südstaaten sind bekannt für ihre reiche kulinarische Tradition, die tief in Geschichte und Kultur verwurzelt ist. Während viele dieser Gerichte fleischlastig sind, gibt es ebenso viele pflanzenbasierte Köstlichkeiten zu entdecken. Unsere vegane Südstaaten-Gemüsesuppe ist inspiriert von diesen Aromen, bringt aber eine frische, pflanzliche Wendung ins Spiel. Schwarze Bohnen, Mais und rauchige Gewürze spiegeln den Geist des Südens wider,

Zutaten

1 EL Olivenöl
1 große Zwiebel, gewürfelt
3 Knoblauchzehen, gehackt
2 Karotten, gewürfelt
2 Stangen Sellerie, in Scheiben geschnitten
1 rote Paprika, gewürfelt
1 grüne Paprika, gewürfelt
1 Jalapeño, entkernt und fein gehackt (optional für etwas Schärfe)
2 Kartoffeln, gewürfelt
1 Dose (ca. 400 g) gewürfelte Tomaten
1,5 Liter Gemüsebrühe
1 Dose (ca. 400 g) schwarze Bohnen, abgetropft und abgespült
1 Dose (ca. 400 g) Maiskörner, abgetropft
2 TL Kreuzkümmel
1 TL geräuchertes Paprikapulver
Salz und Pfeffer nach Geschmack
2 Lorbeerblätter
2 TL getrockneter Oregano
Ein paar Tropfen flüssiger Raucharoma (optional)
Frischer Koriander, gehackt (zum Garnieren)

Zubereitung

1. Das Olivenöl in einem großen Topf erhitzen und Zwiebeln, Knoblauch, Karotten, Sellerie, Paprika und Jalapeño darin anbraten, bis die Zwiebeln glasig sind.
2. Kartoffeln, gewürfelte Tomaten, Gemüsebrühe, schwarze Bohnen und Mais hinzufügen.
3. Mit Kreuzkümmel, geräuchertem Paprikapulver, Salz, Pfeffer, Lorbeerblättern und Oregano würzen. Für einen intensiveren Geschmack ein paar Tropfen flüssigen Raucharoma hinzufügen.
4. Die Suppe zum Kochen bringen, dann die Hitze reduzieren und 20-25 Minuten köcheln lassen, bis das Gemüse weich ist.
5. Lorbeerblätter entfernen und die Suppe abschmecken. Bei Bedarf nachwürzen.
6. Heiß servieren und mit frischem Koriander garnieren.

Cajun Tofu (USA)

25 min | *2 Portionen*

Nährwerte p. P.: 250 kcal - 20 g Kohlenhydrate - 20 g Protein - 10 g Fett

Die Cajun-Küche ist das Herzstück der kulinarischen Traditionen Louisianas und ist bekannt für ihre reichhaltigen, herzhaften Aromen und scharfen Gewürze. Obwohl viele traditionelle Cajun-Gerichte Fleisch und Meeresfrüchte enthalten, zeigt unser Rezept für Cajun-gebratenen Tofu, dass die Veganer nicht auf diesen einzigartigen Geschmack verzichten müssen. Tofu, oft als fleischlose Alternative gelobt, nimmt die Aromen der Marinade wunderbar auf. Dieses Rezept kombiniert das weiche, seidige Innere von Tofu mit einer würzigen Kruste, die durch das Cajun-Gewürz entsteht.

Zutaten

400 g fester Tofu
3 EL Cajun-Gewürzmischung (kann im Supermarkt gekauft oder selbst hergestellt werden)
2 EL Sojasauce
2 EL Olivenöl oder ein anderes neutrales Pflanzenöl
1 EL Zitronensaft
2 zerdrückte Knoblauchzehen
1 EL Ahornsirup oder Agavendicksaft (optional, für eine leicht süße Note)
Frische Petersilie, Chiliflocken oder Schnittlauch zum Garnieren

Cajun-Gewürzmischung

2 TL Paprika
1 TL Meersalz
1 TL Zwiebelpulver
1 TL Knoblauchpulver
1/2 TL Cayennepfeffer
1/2 TL Thymian, getrocknet
1/2 TL Oregano, getrocknet
1/2 TL schwarzer Pfeffer

Zubereitung

1. **Tofu vorbereiten**: Tofu aus der Packung nehmen, leicht zwischen zwei Küchentüchern pressen, um überschüssiges Wasser zu entfernen, und in 1 cm dicke Scheiben schneiden.
2. **Marinade herstellen:** In einer flachen Schüssel Olivenöl, Sojasauce, Zitronensaft, zerdrückten Knoblauch und Ahornsirup/Agavendicksaft vermengen. Die Cajun-Gewürzmischung hinzufügen und gut umrühren.
3. **Tofu marinieren**: Die Tofuscheiben in die Marinade legen und sicherstellen, dass jede Seite gut bedeckt ist. Mindestens 30 Minuten oder über Nacht im Kühlschrank marinieren lassen.
4. **Braten**: Eine Pfanne bei mittlerer Hitze erwärmen und den Tofu ca. 3-4 Minuten pro Seite braten, bis er goldbraun und knusprig ist.
5. **Servieren**: Den gebratenen Tofu auf einen Teller legen, mit frischer Petersilie garnieren und sofort servieren. Er passt perfekt zu Reis, Gemüse oder in einem Sandwich.

Pozole Verde (Mexiko)

40 min | *2 Portionen*

Nährwerte p. P.: 290 kcal - 35 g Kohlenhydrate - 15 g Protein - 10 g Fett

Pozole, ein traditioneller Eintopf aus Mexiko, hat seine Wurzeln in präkolonialen Zeiten und wurde bei besonderen Anlässen serviert. Ursprünglich mit Fleisch zubereitet, erfährt dieses Gericht durch den Einsatz von Tofu eine vegane Renaissance. Der Pozole Verde sticht durch seine grüne Farbe hervor, die von einer Mischung aus Tomatillos, Poblano-Chilis und frischen Kräutern herrührt. Tomatillos, auch als grüne Tomaten bekannt, sind dabei ein wichtiger Bestandteil der mexikanischen Küche. Dieses Rezept verbindet Tradition mit moderner veganer Küche und bringt einen authentischen Geschmack Mexikos auf den Teller.

Zutaten

1 Tasse Hominy (vorgekocht)
200g festen Tofu, in Würfel geschnitten oder Soja-Stücke
1 TL Olivenöl
4 gehackte Knoblauchzehen
1 Zwiebel, gewürfelt
2 grüne Poblano-Chilischoten, entkernt und gewürfelt
2 Jalapeños, entkernt und gewürfelt
3 Tassen Gemüsebrühe
1 Tasse Korianderblätter
1 Tasse Spinatblätter
3 grüne Tomatillos (Grüne Tomaten), gehäutet und gewürfelt
1 TL Oregano
Salz und Pfeffer nach Geschmack
Zur Garnierung: gehackter Koriander oder Petersilie und Limettenscheiben

Zubereitung

1. **Tofu Vorbereiten:** Tofu in Würfel schneiden und mit Küchenpapier trocken tupfen. In einer Pfanne mit etwas Öl anbraten, bis sie goldbraun sind. Beiseite stellen.
2. **Verde Sauce**: In einem Mixer die Poblano-Chilischoten, Jalapeños, Korianderblätter, Spinat und Tomatillos zu einer glatten Sauce pürieren. Beiseite stellen.
3. **Anbraten**: In einem großen Topf das Olivenöl erhitzen. Zwiebel und Knoblauch darin andünsten, bis sie weich sind.
4. **Kochen**: Die pürierte Sauce zum Topf hinzufügen und gut umrühren. Dann die Gemüsebrühe, Oregano und den Hominy hinzufügen. Alles zum Kochen bringen, die Hitze reduzieren und 20-25 Minuten köcheln lassen.
5. **Tofu Hinzufügen**: Gebratenen Tofu in den Topf geben und weitere 10 Minuten köcheln lassen. Mit Salz und Pfeffer abschmecken.
6. **Servieren**: Den Pozole in Schalen geben und nach Belieben mit Koriander und Limettenscheiben garnieren.

Pflaumen-Chutney (Kanada)

90 min | *20 Portionen*

Nährwerte pro Esslöffel.: 40 kcal - 10 g Kohlenhydrate - 0 g Protein - 0 g Fett

Kanada, ein Land bekannt für seine beeindruckenden Landschaften und kulinarische Vielfalt, bietet auch einige traditionelle Konservenrezepte, die durch die Jahreszeiten inspiriert sind. Eines dieser Schätze ist das Pflaumen-Chutney, das ursprünglich eingeführt wurde, um die kurze Pflaumensaison zu verlängern und das Beste aus den reifen Früchten herauszuholen. Dieses vegane Rezept hebt den süßen und sauren Geschmack von Pflaumen hervor und verbindet sie mit exotischen Gewürzen für einen unvergesslichen Geschmack. Es ist nicht nur ein hervorragender Begleiter für viele Gerichte, sondern auch ein Zeugnis für Kanadas kulinarisches Erbe und die Kunst des Einmachens.

Zutaten

500 g reife Pflaumen, entsteint und grob gehackt
200 g brauner Zucker
150 ml Apfelessig
1 Zwiebel, fein gehackt
2 Knoblauchzehen, zerdrückt
1 EL frisch geriebener Ingwer
1 TL Senfsamen
1/2 TL Salz
1/4 TL gemahlener Piment
1/4 TL gemahlene Nelken
Eine Prise gemahlener Zimt
Eine Prise gemahlener Kardamom
1 kleiner roter Chili (optional, für etwas Schärfe)

Zubereitung

1. In einem großen Topf die Pflaumen, braunen Zucker, Apfelessig, Zwiebel, Knoblauch und Ingwer vermengen und zum Kochen bringen.
2. Sobald die Mischung kocht, die Temperatur reduzieren und die restlichen Zutaten hinzufügen. Alles gut umrühren.
3. Das Chutney bei niedriger Hitze ca. 1-1,5 Stunden köcheln lassen, bis es eingedickt ist und die Pflaumen weich sind. Dabei gelegentlich umrühren, um sicherzustellen, dass es nicht anbrennt.
4. Das heiße Chutney sofort in sterilisierte Gläser füllen, fest verschließen und abkühlen lassen.
5. Das Chutney sollte in einem kühlen, dunklen Ort gelagert und innerhalb von 12 Monaten verbraucht werden. Nach dem Öffnen im Kühlschrank aufbewahren.

Enchiladas Verdes (Mexiko)

45 min *2 Portionen*

Nährwerte p. P.: 345 kcal - 45 g Kohlenhydrate - 12 g Protein - 13 g Fett

Enchiladas, ein Grundpfeiler der mexikanischen Küche, haben ihre Wurzeln in der alten Praxis des Eintauchens von Tortillas in Chili-Sauce. Unsere vegane Variante der "Enchiladas Verdes" ist eine Hommage an dieses traditionelle Gericht, bei dem grüne Salsa aus Tomatillos den Ton angibt. Tomatillos, auch als "mexikanische grüne Tomaten" bekannt, bringen eine säuerliche Frische in die Salsa, die perfekt zum herzhaften Tofu und Gemüse passt. Mit ihrem leuchtenden Grün sind sie ein Augenschmaus und ein Gaumenschmaus.

Zutaten

Füllung:
300g festen Tofu, zerbröselt
2 EL Olivenöl
1 mittelgroße Zwiebel, gewürfelt
2 Knoblauchzehen, gehackt
1 rote Paprika, gewürfelt
150g Mais
1 TL Kreuzkümmel
Salz und Pfeffer nach Geschmack
Salsa Verde:
500g grüne Tomatillos (oder grüne Tomaten), gehäutet und grob gehackt
2 grüne Chilis (z.B. Jalapeños), entkernt und grob gehackt
1 Zwiebel, grob gewürfelt
2 Knoblauchzehen
Eine Handvoll frischer Koriander, grob gehackt
Saft einer Limette
Salz nach Geschmack
Weitere Zutaten:
8 Maistortillas
200g veganer Käse (z.B. auf Cashewbasis)
Frischer Koriander zum Garnieren

Zubereitung

1. **Salsa Verde:** Die Tomatillos, Chilis, Zwiebel, Knoblauch, Koriander, Limettensaft und Salz in einen Mixer geben und zu einer groben Salsa pürieren. Beiseite stellen.
2. In einer großen Pfanne das Olivenöl erhitzen. Zwiebel und Knoblauch darin anbraten, bis sie weich sind. Paprika hinzufügen und 5 Minuten weiterbraten.
3. Den zerbröselten Tofu, Mais, Kreuzkümmel, Salz und Pfeffer hinzufügen und alles gut vermengen. Etwa 5-7 Minuten köcheln lassen, bis die Füllung gut durchgewärmt ist.
4. Eine Kelle Salsa Verde auf den Boden einer großen Auflaufform geben.
5. Eine Maistortilla nehmen und mit der Tofu-Gemüse-Mischung füllen, dann aufrollen und in die Auflaufform legen. Wiederholen, bis alle Tortillas gefüllt sind.
6. Die restliche Salsa Verde über die Enchiladas gießen und mit veganem Käse bestreuen.
7. Im vorgeheizten Ofen bei 180°C etwa 20-25 Minuten backen, bis die Enchiladas heiß sind und der Käse geschmolzen ist.
8. Vor dem Servieren mit frischem Koriander garnieren.

BBQ-Pulled-Jackfruit-Sandwich (USA)

45 min *2 Portionen*

Nährwerte p. P.: 450 kcal - 65 g Kohlenhydrate - 7 g Protein - 18 g Fett

Das BBQ-Pulled-Jackfruit-Sandwich ist eine vegane Antwort auf das klassische Pulled Pork Sandwich. Jackfrucht, in ihrer unreifen Form, bietet eine erstaunlich fleischähnliche Textur, die viele Fleischliebhaber täuscht. Während sie in den Tropen heimisch ist, gewinnt die Jackfrucht weltweit an Popularität als Fleischersatz. Mit der richtigen Mischung aus Gewürzen und der rauchigen Süße der BBQ-Sauce wird dieses Sandwich zu einem geschmacklichen Highlight.

Zutaten

800 g junge grüne Jackfrucht in Salzlake (gut abgespült und abgetropft)
2 EL Olivenöl
1 kleine Zwiebel, fein gehackt
2 Knoblauchzehen, fein gehackt
Salz und Pfeffer nach Geschmack
4 Burgerbrötchen, aufgeschnitten und getoastet
Vegane Coleslaw (Krautsalat) und eingelegte Gurken zum Belegen

BBQ-Sauce

1 Dose (400 ml) Tomatenstücke oder Passata
2 EL Apfelessig
3 EL brauner Zucker oder Ahornsirup
2 TL flüssiger Rauch (optional, für den rauchigen Geschmack)
2 EL Tomatenmark
2 TL Sojasauce oder Tamari
1 TL Senf
1 TL Knoblauchpulver
1 TL Zwiebelpulver
1/2 TL schwarzer Pfeffer
1/4 TL Chiliflocken
Eine Prise Salz

Zubereitung

1. Die Jackfruchtstücke in einer Schüssel mit einer Gabel zerdrücken, bis sie die Textur von gezupftem Fleisch haben.
2. In einer großen Pfanne das Olivenöl bei mittlerer Hitze erhitzen. Zwiebeln und Knoblauch hinzufügen und anbraten, bis sie weich und goldbraun sind.
3. Die zerdrückte Jackfrucht in die Pfanne geben und 5-7 Minuten anbraten, bis sie leicht goldbraun ist.
4. BBQ-Sauce hinzufügen. Gut vermengen, so dass die Jackfrucht gleichmäßig mit der Sauce bedeckt ist.
5. Die Hitze reduzieren und köcheln lassen bis alles heiß ist.
6. Mit Salz und Pfeffer abschmecken.
7. Das BBQ-Pulled-Jackfruit auf die getoasteten Burgerbrötchen verteilen. Nach Wunsch mit veganem Coleslaw, eingelegten Gurken oder veganem Scheibenkäse belegen.
8. Den Deckel auflegen und heiß servieren.

BBQ-Sauce

1. Alle Zutaten in einem mittelgroßen Topf vermischen.
2. Bei mittlerer Hitze zum Kochen bringen und dabei gelegentlich umrühren.
3. Die Hitze reduzieren und die Sauce 20-25 Minuten leicht köcheln lassen. Die Sauce sollte dabei etwas eindicken.
4. Mit Salz, Pfeffer und eventuell weiterem Zucker oder Ahornsirup abschmecken.

Nanaimo-Bars (Kanada)

4 Stunden *4 Portionen*

Nährwerte p. P.: 490 kcal - 65 g Kohlenhydrate - 3 g Protein - 25 g Fett

Nanaimo-Bars sind ein wahrer Klassiker der kanadischen Süßwaren und haben ihren Namen von der Stadt Nanaimo in British Columbia. Ursprünglich enthalten diese schichtweise aufgebauten Leckerbissen Butter, Ei und manchmal auch Sahne. In dieser veganen Version haben wir alle tierischen Produkte weggelassen, ohne dabei auf Geschmack und Textur zu verzichten. Die Kombination aus knusprigem Boden, cremiger Mittelschicht und schokoladiger Oberfläche macht sie unwiderstehlich. Sie benötigen keine Backzeit, was sie zu einem perfekten Rezept für warme Tage oder spontane Anlässe macht.

Zutaten

Boden:
1/2 Tasse vegane Margarine
1/4 Tasse Zucker
5 EL Kakaopulver, ungesüßt
1 Tasse vegane Graham-Cracker, zerkrümelt
1 Tasse Kokosraspeln
1/2 Tasse gehackte Walnüsse

Mittelschicht:
1/2 Tasse vegane Margarine, weich
2 EL Vanillepuddingpulver (z.B. Bird's Custard Powder oder ein anderes veganes Puddingpulver)
2 Tassen Puderzucker
2 EL pflanzliche Milch (z.B. Mandel-, Soja- oder Hafermilch)

Schokoladenschicht:
4 EL vegane Margarine
120 g vegane dunkle Schokolade, grob gehackt

Zubereitung

1. **Boden**: In einem Topf vegane Margarine, Zucker und Kakao bei mittlerer Hitze schmelzen. Rühren Sie die zerkrümelten Graham-Cracker, Kokosraspeln und gehackten Walnüsse ein. Drücken Sie die Mischung fest in den Boden einer gefetteten ca. 23x23 cm Backform und stellen Sie sie in den Kühlschrank, um sie fest werden zu lassen.
2. **Mittelschicht**: Schlagen Sie die weiche vegane Margarine, das Vanillepuddingpulver, den Puderzucker und die pflanzliche Milch in einer Schüssel cremig auf, bis sie gut vermischt und glatt ist. Verbreiten Sie diese Mischung gleichmäßig über dem gekühlten Boden.
3. **Schokoladenschicht**: In einem kleinen Topf die vegane Margarine und die vegane dunkle Schokolade bei niedriger Hitze schmelzen, ständig rühren, bis sie vollständig geschmolzen und glatt ist. Gießen Sie die Schokoladenschicht gleichmäßig über die Mittelschicht.
4. Stellen Sie die Backform erneut in den Kühlschrank und lassen Sie die Nanaimo-Bars mindestens 4 Stunden oder über Nacht fest werden. Vor dem Servieren in Quadrate oder Streifen schneiden.

Südamerika

Quinoa-Salat mit Limetten-Koriander-Dressing (Peru)

Feijoada Vegetariana oder Schwarze Bohnensuppe (Brasilien)

Empanadas mit Gemüsefüllung (Argentinien)

Porotos Granados (Chile)

Arepas (Venezuela und Kolumbien)

Ceviche mit Champignons (Peru)

Quinoa-Suppe (Bolivien)

Llapingachos (Ecuador)

Sopa Paraguaya (Paraguay)

Quinoa-Salat mit Limetten-Koriander-Dressing (Peru)

25 min | *3 Portionen*

Nährwerte p. P.: 415 kcal - 58 g Kohlenhydrate - 12 g Protein - 15 g Fett

Der peruanische Quinoa-Salat mit Limetten-Koriander-Dressing vereint die kulinarische Essenz der Anden in einem erfrischenden Gericht. Quinoa, oft als "Gold der Inka" bezeichnet, hat ihre Wurzeln in den Hochgebirgsregionen Südamerikas und war ein Grundnahrungsmittel der alten Zivilisationen. Dieser Salat bringt den nussigen Geschmack von Quinoa mit der Frische von Limetten und Koriander zusammen, zwei Zutaten, die in der peruanischen Küche allgegenwärtig sind.

Zutaten

1 Tasse weißer Quinoa, gut gespült
2 Tassen Wasser
1 rote Paprika, gewürfelt
1 grüne Paprika, gewürfelt
1 kleine rote Zwiebel, fein gewürfelt
1 Avocado, gewürfelt
1 Tasse gekochter Mais (vorzugsweise frisch vom Kolben)
1 Tasse schwarze Bohnen (aus der Dose, abgespült und abgetropft)
1 kleine rote Chili (entkernt und fein gehackt)
4 EL frischer Koriander, gehackt
Saft von 2 Limetten
4 EL Olivenöl
Salz und Pfeffer nach Geschmack

Limetten-Koriander-Dressing:
Saft von 1 Limette
3 EL Olivenöl
1 Knoblauchzehe, fein gehackt
2 EL frischer Koriander, fein gehackt
Salz und Pfeffer nach Geschmack

Zubereitung

1. Quinoa und Wasser in einen Topf geben, zum Kochen bringen, dann die Hitze reduzieren und 15-20 Minuten köcheln lassen, bis die Flüssigkeit aufgesogen ist und die Quinoa weich ist. Vom Herd nehmen und auskühlen lassen.
2. Während der Quinoa kocht, die Paprika, Zwiebel, Avocado, Mais, schwarze Bohnen und Chili in einer großen Schüssel vermengen.
3. Für das Dressing alle Zutaten in einer kleinen Schüssel vermischen und gut verrühren.
4. Den gekochten Quinoa zur Gemüsemischung hinzufügen und gut vermengen.
5. Das Dressing über den Salat gießen und alles gut vermischen, bis alle Zutaten gut mit dem Dressing bedeckt sind.
6. Vor dem Servieren mit frischem Koriander bestreuen.

Feijoada Vegetariana oder Schwarze Bohnensuppe (Brasilien)

95 min *2 Portionen*

Nährwerte p. P.: 375 kcal - 60 g Kohlenhydrate - 15 g Protein - 8 g Fett

Die brasilianische Schwarze Bohnensuppe, auch bekannt als "Feijoada", ist eines der bekanntesten Nationalgerichte Brasiliens. In diesem veganen Rezept wird der Geschmack und das Herz der Feijoada bewahrt, ohne tierische Produkte zu verwenden. Schwarze Bohnen sind nicht nur ein Hauptnahrungsmittel in der brasilianischen Küche, sondern auch reich an Proteinen und Ballaststoffen. Das Zusammenspiel von Gewürzen und Aromen bringt einen Hauch von Rio de Janeiro in jede Küche.

Zutaten

250g getrocknete schwarze Bohnen, über Nacht eingeweicht und abgespült
1 große Zwiebel, gewürfelt
4 Knoblauchzehen, fein gehackt
2 Lorbeerblätter
1 rote Paprika, gewürfelt
1 grüne Paprika, gewürfelt
2 Karotten, gewürfelt
2 EL Kokosöl oder anderes Pflanzenöl
1 TL Kreuzkümmel
1 TL Paprika (geräuchert oder süß)
1/2 TL Cayennepfeffer (optional, für Schärfe)
1 Liter Gemüsebrühe
Salz und Pfeffer nach Geschmack
Frischer Koriander und Frühlingszwiebeln zum Garnieren
Saft von 1 Limette

Zubereitung

1. Das Öl in einem großen Topf erhitzen. Zwiebel, Knoblauch, Paprika und Karotten hinzufügen und unter gelegentlichem Rühren 5-7 Minuten anbraten, bis die Zwiebel weich wird.
2. Kreuzkümmel, Paprika und Cayennepfeffer hinzufügen und weiter 2 Minuten rühren.
3. Die eingeweichten schwarzen Bohnen und Lorbeerblätter hinzufügen. Mit der Gemüsebrühe aufgießen, so dass die Bohnen gut bedeckt sind.
4. Die Suppe zum Kochen bringen, dann die Hitze reduzieren und etwa 1-1,5 Stunden köcheln lassen, bis die Bohnen weich sind. Gegebenenfalls während des Kochens zusätzliche Brühe oder Wasser hinzufügen.
5. Mit Salz, Pfeffer und Limettensaft abschmecken. Lorbeerblätter entfernen.
6. Die Suppe in Schalen servieren, mit frisch gehacktem Koriander und Frühlingszwiebeln garnieren.

Empanadas mit Gemüsefüllung (Argentinien)

50 min | *2 Portionen*

Nährwerte p. P.: 400 kcal - 55 g Kohlenhydrate - 9 g Protein - 20 g Fett

Empanadas sind eine kulinarische Ikone Argentiniens und haben sich im Laufe der Zeit von den ursprünglichen spanischen Einflüssen an den südamerikanischen Geschmack angepasst. Diese veganen Empanadas mit Gemüsefüllung verkörpern die reiche Aromenvielfalt Argentiniens, ohne auf tierische Produkte zurückzugreifen. Das reiche kulturelle Erbe des Landes spiegelt sich in jeder Zutat wider, von den heimischen Gemüsesorten bis zu den aromatischen Gewürzen.

Zutaten

Teig:
250 g Mehl (zusätzlich etwas zum Bestäuben)
1 TL Salz
60 ml Olivenöl oder anderes Pflanzenöl
100 ml warmes Wasser

Füllung:
1 Zwiebel, fein gehackt
2 Knoblauchzehen, fein gehackt
1 Paprika, gewürfelt
1 kleine Zucchini, gewürfelt
1 Karotte, gewürfelt
100 g Maiskörner (aus der Dose oder frisch)
50 g Spinat, grob gehackt
2 EL Tomatenmark
1 TL Kreuzkümmel (Cumin)
Salz und Pfeffer nach Geschmack
2 EL Olivenöl zum Anbraten

Zubereitung

1. **Teig**: In einer Schüssel Mehl und Salz vermischen. Das Öl hinzufügen und mit den Fingern einarbeiten, bis die Mischung krümelig wird. Nach und nach das warme Wasser hinzufügen und zu einem geschmeidigen Teig verkneten. Den Teig in Frischhaltefolie wickeln und 30 Minuten im Kühlschrank ruhen lassen.
2. **Füllung**: Das Öl in einer Pfanne erhitzen. Zwiebel und Knoblauch darin anbraten, bis sie glasig sind. Paprika, Zucchini und Karotte hinzufügen und 5-7 Minuten dünsten. Mais, Spinat, Tomatenmark, Kreuzkümmel, Salz und Pfeffer hinzufügen. Alles gut vermengen und weitere 5 Minuten köcheln lassen. Vom Herd nehmen und abkühlen lassen.
3. Den Ofen auf 200°C vorheizen. Den Teig auf einer bemehlten Arbeitsfläche ausrollen und Kreise von etwa 10 cm Durchmesser ausstechen.
4. Etwa 1 EL der Gemüsefüllung in die Mitte jedes Kreises geben. Die Ränder mit etwas Wasser befeuchten, die Empanada in der Mitte zusammenklappen und die Ränder mit einer Gabel festdrücken.
5. Die Empanadas auf ein mit Backpapier ausgelegtes Backblech legen und 20-25 Minuten backen, bis sie goldbraun sind.
6. Warm servieren und genießen!

Porotos Granados (Chile)

60 min | *2 Portionen*

Nährwerte p. P.: 330 kcal - 53 g Kohlenhydrate - 10 g Protein - 9 g Fett

Porotos Granados ist ein traditionelles chilenisches Gericht, das seine Wurzeln in den Zeiten der Mapuche-Indianer hat. Diese nahrhafte Suppe feiert die Schätze des chilenischen Sommers: Mais, Bohnen und Kürbis. In der traditionellen Zubereitung wird oft Schweinefleisch hinzugefügt, aber in dieser veganen Variante stehen die Gemüse im Mittelpunkt des Geschmacks. Chile, mit seiner langen Küstenlinie und abwechslungsreichen Landschaften, bietet eine Vielfalt an regionalen Zutaten. Porotos Granados ist ein perfektes Beispiel für die Fusion indigener und kolonialer Küchentraditionen.

Zutaten

300g frische oder getrocknete Cranberry-Bohnen (wenn getrocknet, über Nacht eingeweicht und abgespült)
2 EL Olivenöl
1 Zwiebel, gewürfelt
3 Knoblauchzehen, fein gehackt
1 rote Paprika, gewürfelt
3 große Tomaten, gewürfelt
2 Maiskolben, Körner abgeschnitten oder 1 Dose Maiskörner, abgetropft
1 TL Kreuzkümmel (Cumin)
1 Lorbeerblatt
Salz und Pfeffer nach Geschmack
1 Liter Gemüsebrühe
1 Bund frisches Basilikum, gehackt
1 kleine Kürbissorte (z.B. Hokkaido), in Würfel geschnitten

Zubereitung

1. In einem großen Topf das Olivenöl erhitzen und Zwiebel, Knoblauch, rote Paprika und Tomaten darin anbraten, bis sie weich sind.
2. Kreuzkümmel, Lorbeerblatt, Salz und Pfeffer hinzufügen und kurz mitbraten.
3. Die Cranberry-Bohnen, Kürbiswürfel und Gemüsebrühe in den Topf geben. Zum Kochen bringen und dann auf mittlere Hitze reduzieren. 30 Minuten köcheln lassen.
4. Maiskörner hinzufügen und weitere 20 Minuten köcheln lassen, bis die Bohnen und das Kürbisfleisch weich sind.
5. Vor dem Servieren das gehackte Basilikum unterrühren.

Arepas
(Venezuela und Kolumbien)

35 min *2 Portionen*

Nährwerte p. P.: 300 kcal - 58 g Kohlenhydrate - 6 g Protein - 5 g Fett

Arepas, ursprünglich aus Venezuela und Kolumbien stammend, haben in vielen südamerikanischen Ländern, einschließlich Argentinien, ihren festen Platz. Diese herzhaften Maisfladen bieten eine vielseitige Basis für unzählige Füllungen und Variationen. Während in Venezuela und Kolumbien Arepas oft als Frühstück oder Snack verzehrt werden, haben sie in Argentinien einen eigenen Dreh erhalten und sind oft Bestandteil von Straßenfesten oder Familientreffen.

Zutaten

2 Tassen vorgekochtes Maismehl (z.B. Harina P.A.N.)
2 1/2 Tassen warmes Wasser
1 TL Salz
2 EL Pflanzenöl (zusätzlich etwas zum Braten)

Füllung:

1 Dose schwarze Bohnen (abgetropft und gewaschen)
1 rote Paprika, fein gewürfelt
1 mittelgroße Zwiebel, fein gewürfelt
1 Knoblauchzehe, gehackt
1 TL Kreuzkümmel (Cumin)
Salz und Pfeffer nach Geschmack
Frischer Koriander, gehackt
1 Avocado, in Scheiben geschnitten
Saft von 1 Limette

Zubereitung

1. **Arepas zubereiten:** Maismehl in eine große Schüssel geben. Wasser und Salz hinzufügen und gut mischen, bis ein weicher, klumpenfreier Teig entsteht. 5 Minuten ruhen lassen.
2. Teig in 6-8 Portionen teilen und jede Portion zu einer Kugel formen. Dann zwischen den Handflächen zu einem flachen Kreis von etwa 10 cm Durchmesser drücken.
3. In einer großen Pfanne das Öl bei mittlerer Hitze erhitzen. Arepas hineingeben und 6-8 Minuten pro Seite oder bis sie goldbraun sind braten. Dann auf Küchenpapier abtropfen lassen.
4. **Füllung zubereiten:** Öl in einer Pfanne erhitzen. Zwiebeln, Paprika und Knoblauch darin anbraten, bis sie weich sind. Schwarze Bohnen, Kreuzkümmel, Salz und Pfeffer hinzufügen und gut umrühren. Einige Minuten köcheln lassen, bis die Mischung durchgewärmt ist.
5. Den Herd ausschalten, den Limettensaft und den gehackten Koriander unterrühren.
6. Zum Servieren die Arepas mit einem scharfen Messer halbieren, aber nicht ganz durchschneiden. Die Innenseite der Arepas leicht aushöhlen, dann mit der Bohnenmischung füllen. Avocadoscheiben darauflegen und sofort servieren.

Ceviche mit Champignons (Peru)

35 min | *2 Portionen*

Nährwerte p. P.: 315 kcal - 60 g Kohlenhydrate - 5 g Protein - 12 g Fett

Peruanisches Ceviche ist eine kulinarische Signatur Südamerikas, die traditionell aus rohem Fisch besteht, der in Zitrusfrüchten mariniert wird. Unsere vegane Version tauscht Fisch gegen Champignons aus, die eine ähnlich zarte Textur bieten. Durch das Marinieren in Limettensaft nehmen die Pilze einen frischen, säuerlichen Geschmack an. Peru ist nicht nur für seine beeindruckenden Landschaften wie Machu Picchu bekannt, sondern auch für seine reiche kulinarische Geschichte.

Zutaten

500 g Champignons, dünn geschnitten
1 rote Zwiebel, in dünne Halbmonde geschnitten
1-2 scharfe grüne Chilis, entkernt und fein gehackt (je nach gewünschter Schärfe)
Saft von 4-5 Limetten
2 Knoblauchzehen, fein gehackt
1 Handvoll frischer Koriander, gehackt
1 rote Paprika, gewürfelt
1 mittelgroße Süßkartoffel, gekocht und in dünne Scheiben geschnitten
1 Maiskolben, gekocht und vom Kolben geschnitten
Salz und Pfeffer nach Geschmack
Optional: gekochter Mais (Choclo) und gekochte Maniok (Yuca) als Beilage

Zubereitung

1. Die Champignons in eine Schüssel geben und mit Limettensaft übergießen. 10-15 Minuten ziehen lassen.
2. In der Zwischenzeit Zwiebeln, Chili, Knoblauch, Koriander und Paprika in einer weiteren Schüssel vermengen.
3. Die eingelegten Champignons abgießen und den Limettensaft auffangen.
4. Die Champignons zur Zwiebelmischung hinzufügen und gut vermengen.
5. Nach Geschmack Salz, Pfeffer und zusätzlichen Limettensaft hinzufügen.
6. Den Salat auf Teller verteilen und mit Süßkartoffelscheiben und Maiskörnern garnieren.
7. Optional können Sie das Ceviche auch mit gekochtem Mais (Choclo) und gekochter Maniok (Yuca) servieren.
8. Sofort servieren und genießen!

Quinoa-Suppe (Bolivien)

35 min | *2 Portionen*

Nährwerte p. P.: 380 kcal - 65 g Kohlenhydrate - 11 g Protein - 8 g Fett

Die bolivianische Quinoa-Suppe, ein Stolz der Andenküche, schlägt eine Brücke zwischen jahrhundertealten Traditionen und moderner veganer Ernährung. Quinoa, auch als "Gold der Inka" bezeichnet, stammt aus den Hochebenen Südamerikas und war ein essenzielles Lebensmittel für viele präkolumbische Zivilisationen. Heute wird dieses nährstoffreiche Superfood weltweit geschätzt. In Bolivien ist es nicht nur ein Symbol nationaler Identität, sondern auch ein Grundnahrungsmittel. Unsere vegane Version dieses herzhaften Gerichts bewahrt den authentischen Geschmack und gibt gleichzeitig einen neuen, tierfreundlichen Dreh.

Zutaten

200 g weiße Quinoa, gut gewaschen und abgetropft
200 g Bohnen nach Wahl
2 EL Pflanzenöl
1 Zwiebel, gewürfelt
3 Knoblauchzehen, gehackt
2 Karotten, gewürfelt
2 Kartoffeln, gewürfelt
1 rote Paprika, gewürfelt
1 grüne Paprika, gewürfelt
2 Liter Gemüsebrühe
1 TL Kreuzkümmel (Cumin)
1 TL Oregano
1 Lorbeerblatt
Salz und Pfeffer, nach Geschmack
2 EL frischer Koriander, gehackt
1 Frühlingszwiebel, in Ringe geschnitten (optional)

Zubereitung

1. In einem großen Topf das Pflanzenöl erhitzen und die Zwiebel, den Knoblauch, die Karotten und die Paprika darin anbraten, bis sie weich sind.
2. Die Quinoa hinzufügen und kurz mitanbraten, bis sie leicht geröstet ist.
3. Die Gemüsebrühe, Bohnen, Kartoffeln, Kreuzkümmel, Oregano und das Lorbeerblatt hinzufügen. Mit Salz und Pfeffer würzen.
4. Alles zum Kochen bringen und dann die Hitze reduzieren. Die Suppe etwa 25-30 Minuten köcheln lassen, bis die Quinoa und das Gemüse gar sind.
5. Den Topf vom Herd nehmen und das Lorbeerblatt entfernen. Den frischen Koriander unterrühren.
6. Die Suppe in Schüsseln füllen und mit Frühlingszwiebelringen garnieren.
7. Sofort heiß servieren.

Llapingachos (Ecuador)

35 min | *2 Portionen*

Nährwerte p. P.: 460 kcal - 55 g Kohlenhydrate - 13 g Protein - 21 g Fett

Ecuadorianische Llapingachos sind traditionelle Kartoffelplätzchen, die in den Andenregionen des Landes beliebt sind. Oftmals werden sie mit Käse gefüllt und zu Gerichten wie gebratenem Fleisch und Avocado serviert. Die goldene Farbe, die durch das Hinzufügen von Kurkuma entsteht, verleiht nicht nur optischen Reiz, sondern auch eine feine Würze.

Zutaten

500g Kartoffeln, geschält und in Würfel geschnitten
2 EL Pflanzenöl
1 kleine Zwiebel, fein gehackt
2 Knoblauchzehen, zerdrückt
1/4 TL Kurkuma (für die Farbe)
Salz und Pfeffer nach Geschmack
Frischer Koriander oder Petersilie zum Garnieren

Cashew-Käse

1 Tasse (ca. 150g) Cashewnüsse (roh und ungesalzen), über Nacht eingeweicht
3 EL Hefeflocken (für den "käsigen" Geschmack)
1 Knoblauchzehe
1 TL Zitronensaft oder Apfelessig
1/2 TL Kurkuma
1/2 TL Paprikapulver (optional)
1/2 TL Salz (oder nach Geschmack)
1/4 bis 1/2 Tasse (60-120ml) Wasser
1 TL Agar-Agar-Pulver (optional, wenn der Käse fester sein soll)

Zubereitung

1. Die Kartoffelwürfel in einem Topf mit Wasser und einer Prise Salz zum Kochen bringen. Etwa 20 Minuten kochen lassen.
2. Die Kartoffeln abgießen und mit einem Kartoffelstampfer oder einer Gabel zerdrücken, bis ein glatter Teig entsteht.
3. In einer Pfanne 1 EL Pflanzenöl erhitzen und die Zwiebeln und den Knoblauch darin anbraten, bis sie weich und goldbraun sind.
4. Die Zwiebel-Knoblauch-Mischung und die Kurkuma zu den Kartoffeln hinzufügen und gut vermengen.
5. Eine Handvoll des Kartoffelteigs nehmen und eine kleine Vertiefung in der Mitte machen. Etwas von der veganen Käsealternative hineingeben und dann den Teig darüber schließen, um eine flache, runde Kuchenform zu erhalten.
6. Die restlichen 1 EL Öl in einer großen Pfanne erhitzen und die Llapingachos darin von beiden Seiten goldbraun braten.
7. Heiß servieren und mit einer scharfen Sauce genießen.

Cashew-Käse

1. Die eingeweichten Cashewnüsse abgießen und in einen leistungsstarken Mixer geben.
2. Hefeflocken, Knoblauch, Zitronensaft/Apfelessig, Kurkuma, Paprikapulver und Salz hinzufügen.
3. Während des Mixens langsam Wasser hinzufügen, bis eine cremige Konsistenz erreicht ist.

Wenn eine festere Käsealternative gewünscht ist: Das Agar-Agar-Pulver in einem kleinen Topf mit 1/2 Tasse Wasser aufkochen lassen. Etwa 2 Minuten köcheln lassen, bis es sich vollständig aufgelöst hat. Dieses Gelee zu der Cashewmischung hinzufügen und erneut mixen.
Die Masse in eine mit Frischhaltefolie ausgelegte Form gießen und für mindestens 2 Stunden oder über Nacht im Kühlschrank fest werden lassen.

Sopa Paraguaya (Paraguay)

50 min *2 Portionen*

Nährwerte p. P.: 430 kcal - 53 g Kohlenhydrate - 11 g Protein - 20 g Fett

Sopa Paraguaya ist ein kulinarisches Paradoxon aus Paraguay, denn trotz des Namens "Sopa" (Suppe) handelt es sich tatsächlich um einen festen Maisauflauf. Historisch gesehen entstand das Gericht durch einen Kochfehler, als zu viel Maismehl in eine Suppe gegeben wurde, wodurch ein fester Kuchen entstand. Traditionell wird es mit Käse, Eiern und Zwiebeln zubereitet, aber diese vegane Version bewahrt das Herz und die Seele des Originals.

Zutaten

2 Tassen grobes Maismehl (Polenta)
1 Tasse Zwiebel, fein gehackt
3 EL Kokosöl oder andere pflanzliche Margarine
1 Tasse frischgepresste Soja- oder Mandelmilch
1 Tasse veganer Käseersatz, gerieben (z.B. auf Cashewbasis)
2 EL Hefeflocken (für einen "käsigen" Geschmack)
1 TL Backpulver
1/2 TL Salz
Frisch gemahlener schwarzer Pfeffer nach Geschmack
2 EL frische Petersilie, fein gehackt
2 Leinsamen-"Eier" (2 EL gemahlene Leinsamen + 6 EL Wasser, gut vermischt)

Zubereitung

1. Den Ofen auf 180°C (Umluft) vorheizen und eine mittelgroße Auflaufform leicht einfetten oder mit Backpapier auslegen.
2. In einer großen Pfanne das Kokosöl erhitzen und die Zwiebeln darin glasig dünsten.
3. Maismehl, veganen Käse, Hefeflocken, Backpulver, Salz, Pfeffer und Petersilie in einer großen Schüssel vermengen.
4. Die Soja- oder Mandelmilch sowie die gedünsteten Zwiebeln hinzufügen und gut vermischen.
5. Die Leinsamen-"Eier" unterrühren, bis ein geschmeidiger Teig entsteht.
6. Die Mischung in die vorbereitete Auflaufform geben und glatt streichen.
7. Im vorgeheizten Ofen etwa 30-40 Minuten backen oder bis die Oberseite goldbraun ist und ein Zahnstocher sauber herauskommt.
8. Vor dem Servieren kurz abkühlen lassen.

Australien und Ozeanien

Pavlova mit Beeren (Australien oder Neuseeland)

Maori Gemüseeintopf (Neuseeland)

Damper-Brot (Australien)

Kumara-Suppe (Neuseeland)

Kokoda (Fidschi)

Palusami (Samoa)

ANZAC-Kekse (Australien und Neuseeland)

Poké Bowl (Hawai)

Pavlova mit Beeren (Australien oder Neuseeland)

120 min | *4 Portionen*

Nährwerte p. P.: 425 kcal - 45 g Kohlenhydrate - 5 g Protein - 25 g Fett

Die Pavlova ist nach der berühmten russischen Ballerina Anna Pavlova benannt und wird oft als eine Spezialität aus Australien und Neuseeland bezeichnet, wobei beide Länder die Erfindung für sich beanspruchen. Dieses luftige Dessert besteht traditionell aus einer knusprigen Meringue-Basis, die mit Sahne und frischen Früchten getoppt wird. Unsere vegane Version verwendet Aquafaba, die Flüssigkeit aus Kichererbsendosen, als Eiweiß-Ersatz – eine erstaunliche Entdeckung in der veganen Küche. Das Ergebnis ist eine ebenso leichte und knusprige Basis wie beim Original.

Zutaten

vegane Meringue:
Flüssigkeit von 1 Dose (ca. 400g) Kichererbsen (auch bekannt als "Aquafaba")
1/4 Teelöffel Weinstein (optional, verleiht zusätzliche Stabilität)
1/4 Teelöffel Salz
1 Teelöffel Vanilleextrakt
150g feiner Zucker
1/2 Teelöffel Apfelessig

Füllung:
400ml Dosen-Kokosmilch (über Nacht gekühlt)
1 Esslöffel Ahornsirup oder Agavendicksaft
1 Teelöffel Vanilleextrakt
Eine Prise Salz

Beeren-Toppings:
200g gemischte Beeren (z.B. Erdbeeren, Himbeeren, Blaubeeren)
2 Esslöffel Zucker
Frische Minze zum Garnieren

Zubereitung

1. **Vorbereitung der Meringue:** Den Ofen auf 110°C vorheizen. Ein Backblech mit Backpapier auslegen.
2. Das Aquafaba in eine saubere, fettfreie Schüssel geben und mit einem elektrischen Mixer auf höchster Stufe schlagen, bis es schaumig wird.
3. Salz, Weinstein und Vanilleextrakt hinzufügen und weiter schlagen, bis sich weiche Spitzen bilden.
4. Zucker langsam hinzufügen, während Sie weiter schlagen. Weiter schlagen, bis sich steife Spitzen bilden.
5. Essig vorsichtig unterrühren.
6. Die Mischung auf das vorbereitete Backblech geben und zu einem Kreis formen, wobei in der Mitte eine Mulde entsteht.
7. 1,5 bis 2 Stunden backen oder bis die Meringue fest ist und sich leicht vom Backpapier löst. Anschließend vollständig abkühlen lassen.
8. **Für die Füllung:** Das feste Ende der gekühlten Kokosmilch abschöpfen und in eine Schüssel geben. Ahornsirup, Vanille und eine Prise Salz hinzufügen. Alles zu steifen Spitzen schlagen.
9. **Für die Beeren-Toppings:** Die Beeren mit Zucker mischen und 10 Minuten ziehen lassen.
10. Die Meringue vorsichtig mit der Kokoscreme füllen, die Beeren darüber geben und mit Minze garnieren

Maori Gemüseeintopf (Neuseeland)

45 min *2 Portionen*

Nährwerte p. P.: 400 kcal - 70 g Kohlenhydrate - 12 g Protein - 8 g Fett

Der Maori Gemüseeintopf bietet einen kulinarischen Einblick in die reiche Kultur der indigenen Völker Neuseelands. In der traditionellen maorischen Küche werden oft "Kumara" (Süßkartoffeln) verwendet, die in diesem Rezept eine Hauptrolle spielen. Während Fleisch in der Originalversion oft präsent ist, zeigt diese vegane Variante, dass die Aromen der Maori-Küche auch ohne tierische Produkte wunderbar zur Geltung kommen. Mit einer Gewürzmischung, die an die Landschaften Neuseelands erinnert, und einer Vielzahl von Gemüsen, die sowohl Nährstoffe als auch Geschmack bieten, ist dieser Eintopf sowohl nährend als auch köstlich.

Zutaten

2 EL Olivenöl oder Kokosöl
1 Zwiebel, gewürfelt
2 Knoblauchzehen, fein gehackt
1 große Süßkartoffel (Kumara in Maori), geschält und gewürfelt
2 Karotten, gewürfelt
1 kleine Pastinake, gewürfelt
2 Tassen grüne Bohnen, geschnitten
1 Tasse Kürbis, gewürfelt
4 Tassen Gemüsebrühe
1 TL traditionelle Maori Gewürzmischung (oder eine Mischung aus Kreuzkümmel, Koriander und Paprika)
Salz und Pfeffer, nach Geschmack
2 Tassen Spinat oder Silber Mangold, grob gehackt
1 Dose Kichererbsen, abgetropft und gespült

Zubereitung

1. In einem großen Topf das Öl erhitzen und Zwiebel und Knoblauch darin glasig anbraten.
2. Süßkartoffel, Karotten, Pastinake, grüne Bohnen und Kürbis hinzufügen. Alles für 5-7 Minuten anbraten, bis das Gemüse leicht gebräunt ist.
3. Die Gewürze und die Gemüsebrühe hinzugeben und zum Kochen bringen. Auf niedriger Stufe köcheln lassen, bis das Gemüse weich ist (etwa 20-25 Minuten).
4. Spinat oder Silber Mangold und Kichererbsen hinzufügen. Weitere 5 Minuten köcheln lassen, bis der Spinat welk ist.
5. Mit Salz und Pfeffer abschmecken und servieren.
6. **Tipp**: Für eine authentischere Erfahrung, servieren Sie diesen Eintopf mit traditionellem Maori Brot oder einer anderen Beilage Ihrer Wahl.

Damper-Brot (Australien)

40 min *4 Portionen*

Nährwerte p. P.: 390 kcal - 75 g Kohlenhydrate - 8 g Protein - 7 g Fett

Damper-Brot ist ein echter Klassiker aus Australien und erinnert an die Zeiten, in denen Viehzüchter und Goldsucher dieses einfache Brot über offenem Feuer zubereiteten. Traditionell wird es aus nur wenigen Zutaten hergestellt, hauptsächlich Mehl, Wasser und manchmal Salz. Dieses vegane Rezept bleibt der Einfachheit und Authentizität des Originals treu, verzichtet jedoch auf tierische Produkte. In der Geschichte des australischen Outbacks wurde Damper oft mit "Billy Tea" serviert, einem Tee, der ebenfalls über dem Lagerfeuer zubereitet wurde. Dieses Brot passt perfekt zu veganen Aufstrichen oder zur Begleitung eines herzhaften Eintopfs.

Zutaten

3 Tassen Weizenmehl (alternativ Dinkelmehl)
1 Teelöffel Salz
3 Teelöffel Backpulver
1 Tasse Wasser (kann variiert werden, je nach Bedarf)
3 Esslöffel natives Olivenöl (alternativ Kokosöl)
Optional: Gehackte getrocknete Tomaten, Oliven oder Kräuter für zusätzlichen Geschmack.

Zubereitung

1. Den Ofen auf 200°C vorheizen.
2. In einer großen Schüssel das Mehl, Salz und Backpulver miteinander vermischen.
3. Wasser und Olivenöl hinzufügen und zu einem groben Teig vermengen. Wenn gewünscht, die getrockneten Tomaten, Oliven oder Kräuter unterheben.
4. Den Teig auf eine leicht bemehlte Arbeitsfläche geben und zu einem runden Laib formen. Nicht zu fest kneten; Damper-Brot sollte eine etwas krümelige Textur haben.
5. Den Teiglaib auf ein mit Backpapier ausgelegtes Backblech setzen. Mit einem scharfen Messer ein Kreuz in die Oberseite des Teiges schneiden – etwa 1 cm tief.
6. Das Brot 25-30 Minuten backen oder bis es goldbraun ist und hohl klingt, wenn man auf die Unterseite klopft.
7. Vor dem Anschneiden kurz abkühlen lassen.

Kumara-Suppe (Neuseeland)

25 min *2 Portionen*

Nährwerte p. P.: 450 kcal - 63 g Kohlenhydrate - 5 g Protein - 20 g Fett

Die Kumara-Suppe ist ein warmes, wohltuendes Gericht, das seine Wurzeln in der reichen Kultur Neuseelands hat. Kumara, die Māori-Bezeichnung für Süßkartoffel, ist nicht nur ein Grundnahrungsmittel der Ureinwohner Neuseelands, sondern auch ein Symbol für Wohlstand und Wachstum. In dieser veganen Interpretation wird die cremige Textur der Kumara durch Kokosmilch ergänzt, die für einen exotischen Twist sorgt. Zudem sind Süßkartoffeln reich an Vitaminen, Mineralien und Antioxidantien, was dieses Gericht zu einer gesunden Wahl macht.

Zutaten

3 große Kumara (Süßkartoffeln), geschält und gewürfelt
1 Zwiebel, gewürfelt
3 Knoblauchzehen, gehackt
1 Liter Gemüsebrühe
400 ml Kokosmilch
1 TL frischer Ingwer, gerieben
1 TL Kurkuma
1/2 TL Kreuzkümmel
1 EL Kokosöl oder Olivenöl
Salz und Pfeffer nach Geschmack
Frische Korianderblätter und Kokoschips zum Garnieren (optional)

Zubereitung

1. In einem großen Topf das Öl erhitzen und die Zwiebel und den Knoblauch darin anbraten, bis sie weich sind.
2. Den geriebenen Ingwer, Kurkuma und Kreuzkümmel hinzufügen und weitere 2 Minuten anbraten.
3. Die gewürfelten Kumara (Süßkartoffeln) in den Topf geben und mit der Gemüsebrühe übergießen.
4. Zum Kochen bringen und auf mittlerer Stufe köcheln lassen, bis die Kumara weich sind (ca. 20 Minuten).
5. Die Suppe vom Herd nehmen und mit einem Stabmixer pürieren, bis sie glatt ist.
6. Die Kokosmilch unterrühren und nach Bedarf mit Salz und Pfeffer abschmecken.
7. Vor dem Servieren die Suppe mit frischen Korianderblättern und Kokoschips garnieren.

Kokoda (Fidschi)

mehrere Stunden *4 Portionen*

Nährwerte p. P.: 350 kcal - 15 g Kohlenhydrate - 23 g Protein - 22 g Fett

Der Fidschianische Kokoda ist ein traditionelles Gericht aus dem pazifischen Archipel Fidschis, bei dem üblicherweise roher Fisch in Zitrusfrüchten mariniert und mit Kokosmilch gemischt wird. Diese vegane Version setzt auf Tofu als Hauptzutat, um ein ähnlich zartes Mundgefühl zu erzeugen. Fidschi ist bekannt für seine üppige tropische Umgebung, und die Verwendung von frischen Zitrusfrüchten und Kokosmilch in diesem Gericht spiegelt die natürlichen Ressourcen der Inseln wider. Interessant ist, dass "Kokoda" oft bei gesellschaftlichen Anlässen serviert wird und als Symbol für Gastfreundschaft und Gemeinschaft gilt.

Zutaten

500 g fester Tofu, in kleine Würfel geschnitten
Saft von 6 frischen Limetten oder Zitronen
1 Tasse Kokosmilch (vorzugsweise frisch gepresst)
1 rote Zwiebel, fein gewürfelt
2 Tomaten, entkernt und fein gewürfelt
1 grüne Paprika, fein gewürfelt
2 Frühlingszwiebeln, fein gehackt
1 kleine Chilischote, entkernt und fein gehackt (optional für zusätzliche Schärfe)
Salz und Pfeffer nach Geschmack
Einige Korianderblätter zum Garnieren

Zubereitung

1. Legen Sie den gewürfelten Tofu in eine Schüssel und übergießen Sie ihn mit dem Limetten- oder Zitronensaft. Stellen Sie sicher, dass der Tofu gut bedeckt ist. Lassen Sie ihn 2-3 Stunden marinieren, damit er den sauren Geschmack aufnimmt.
2. Gießen Sie den überschüssigen Limetten- oder Zitronensaft ab und fügen Sie die Kokosmilch hinzu.
3. Geben Sie die Zwiebel, Tomaten, Paprika, Frühlingszwiebeln und Chili (falls verwendet) hinzu und rühren Sie gut um.
4. Mit Salz und Pfeffer abschmecken und im Kühlschrank für mindestens eine Stunde kalt stellen.
5. Beim Servieren mit Korianderblättern garnieren.

Palusami (Samoa)

60 min | *2 Portionen*

Nährwerte p. P.: 400 kcal - 35 g Kohlenhydrate - 8 g Protein - 25 g Fett

Palusami ist ein traditionelles samoanisches Gericht, das tief in der Kultur und Geschichte Samoas verankert ist. Es wird traditionell mit jungem Taroblatt und Kokosmilch zubereitet, oft gefüllt mit Fleisch oder Fisch. Für unsere vegane Version verwenden wir jedoch Gemüse als Hauptzutat. Das Gericht wird üblicherweise in Erdöfen, sogenannten "umus", gegart. Die Kombination aus Taroblättern und Kokosmilch bietet eine cremige Textur und einen reichen Geschmack. Mit diesem Rezept erleben Sie die authentischen Aromen Samoas, während Sie einem veganen Lebensstil treu bleiben.

Zutaten

10 große Taroblätter (ersatzweise Mangoldblätter, wenn nicht verfügbar)
2 Dosen Kokosnusscreme (ca. 800ml)
1 große Zwiebel, fein gehackt
2 Tomaten, gewürfelt
200 g gekochter Reis
2 grüne Paprikaschoten, gewürfelt
Salz und Pfeffer nach Geschmack
Optional: Gewürfelte Tofu oder Tempeh für zusätzlichen Protein-Kick

Zubereitung

1. Beginnen Sie mit der Vorbereitung der Blätter. Waschen Sie die Taroblätter gründlich und entfernen Sie harte Stiele. Falls Sie andere Blätter verwenden, verfahren Sie genauso.
2. In einer großen Schüssel Kokosnusscreme, Reis, Zwiebel, Tomaten, Paprika und optional Tofu oder Tempeh vermischen. Mit Salz und Pfeffer abschmecken.
3. Legen Sie 1-2 Taroblätter flach aus. Geben Sie 2-3 Esslöffel der Kokosnussmischung in die Mitte.
4. Falten Sie die Blätter vorsichtig zu einem Päckchen und binden Sie sie mit Küchengarn zusammen.
5. Wiederholen Sie dies, bis alle Zutaten aufgebraucht sind.
6. In einem Dämpfer oder einem Topf mit Siebeinsatz die Päckchen für etwa 40-50 Minuten dämpfen, bis die Blätter weich und die Füllung heiß ist.
7. Die Päckchen vorsichtig öffnen und heiß servieren.

ANZAC-Kekse (Australien und Neuseeland)

25 min *8 Portionen ca. 32 Kekse*

Nährwerte p. P.: 375 kcal - 55 g Kohlenhydrate - 4 g Protein - 17 g Fett

Die ANZAC-Kekse haben eine stolze und bewegende Geschichte, die bis zu den Soldaten des Australian and New Zealand Army Corps (ANZAC) im Ersten Weltkrieg zurückreicht. Sie wurden ursprünglich von Familienmitgliedern für die im Ausland stationierten Soldaten gebacken, da sie lange haltbar sind und den harten Transportbedingungen standhalten konnten. Die traditionellen Zutaten reflektieren die Rationen der Soldaten. Während die Originalrezepte Butter enthalten, haben wir eine vegane Version erstellt, die dem authentischen Geschmack gerecht wird.

Zutaten

1 Tasse Haferflocken
3/4 Tasse Kokosflocken
1 Tasse Mehl
1 Tasse Zucker
1/2 Tasse Kokosöl (geschmolzen)
2 Esslöffel Goldener Sirup (alternativ: Agavendicksaft)
1/2 Teelöffel Backpulver
2 Esslöffel heißes Wasser

Zubereitung

1. Den Ofen auf 175°C vorheizen und zwei Backbleche mit Backpapier auslegen.
2. In einer großen Schüssel Haferflocken, Kokosflocken, Mehl und Zucker vermengen.
3. In einem kleinen Topf Kokosöl und goldenen Sirup (oder Agavendicksaft) bei niedriger Hitze schmelzen, bis sie gut kombiniert sind.
4. Das Backpulver in heißem Wasser auflösen und zur Sirup-Mischung hinzufügen.
5. Die flüssige Mischung zu den trockenen Zutaten geben und gut vermischen, bis ein Teig entsteht.
6. Mit einem Esslöffel kleine Mengen des Teigs abnehmen und zu Kugeln formen. Diese Kugeln auf die Backbleche legen und leicht flach drücken.
7. 10-12 Minuten backen oder bis die Kekse goldbraun sind.
8. Aus dem Ofen nehmen und auf einem Kuchengitter auskühlen lassen.

Poké Bowl (Hawai)

40 min *3 Portionen*

Nährwerte p. P.: 400 kcal - 60 g Kohlenhydrate - 14 g Protein - 12 g Fett

Die Poké Bowl, ein hawaiianisches Nationalgericht, hat in den letzten Jahren die Welt im Sturm erobert. Traditionell mit rohem Fisch zubereitet, symbolisiert sie die Fusion der japanischen und hawaiianischen Küchen. Die Bedeutung von "Poké" in der hawaiianischen Sprache ist "in Stücke schneiden", was auf die Art der Zubereitung des Fisches hinweist. In dieser veganen Variante ersetzen wir den Fisch durch marinierten Tofu, behalten aber das Zusammenspiel aus Süße, Säure und Schärfe bei.

Zutaten

400 g fester Tofu, in Würfel geschnitten
4 EL Sojasauce
2 TL Sesamöl
1 TL geriebener frischer Ingwer
1 TL Ahornsirup oder Agavendicksaft
1 Tasse gekochter Jasmin- oder Sushi-Reis, abgekühlt
1 Avocado, in Scheiben geschnitten
1 Mango, in Würfel geschnitten
1 kleine Gurke, in Scheiben geschnitten
2 Frühlingszwiebeln, in Ringe geschnitten
1 rote Chili, fein gehackt (optional)
Frischer Koriander, gehackt
2 EL schwarze Sesamsamen
1 Handvoll Algenblätter oder Nori-Streifen

Zubereitung

1. In einer Schüssel Sojasauce, Sesamöl, Ingwer und Ahornsirup vermengen. Die Tofuwürfel hinzufügen und mindestens 30 Minuten marinieren.
2. Eine große Schüssel mit dem gekühlten Reis als Basis vorbereiten.
3. Die marinierten Tofuwürfel ohne die Marinade in die Schüssel geben.
4. Avocado, Mango, Gurke und Frühlingszwiebeln hinzufügen.
5. Mit Chiliflocken, Koriander und Sesamsamen garnieren.
6. Die Algenblätter oder Nori-Streifen darüberstreuen.
7. Servieren und genießen!
8. **Tipp**: Für eine zusätzliche Geschmackstiefe können Sie auch eine Soße aus Sojasauce, Limettensaft, Sesamöl und ein wenig Ahornsirup zubereiten und über die Bowl träufeln.

Rouven Wagner
„Kochbuch der Kontinente. Bekannte Rezepte aus aller Welt vegan interpretiert“
1. deutsche Auflage 2023
ISBN: 978-3-9825854-2-0

Herausgeber:
AGP Verlag
G. Petker
c/o RA Matutis
Berliner Straße 57
14467 Potsdam
Mail: info@ag-publishing.eu

Druck, Bindung und Verarbeitung: Amazon Fulfillment

Die Empfehlungen dieses Buches wurden von Autor und Herausgeber nach bestem Wissen erarbeitet und überprüft. Dennoch kann eine Garantie nicht übernommen werden. Weder der Autor noch der Herausgeber können für eventuelle Nachteile oder Schäden, die aus den im Kochbuch gegebenen Hinweisen resultieren, eine Haftung übernehmen. Vor Nutzung der Rezepte sollte Rücksprache mit dem behandelnden Arzt genommen werden.
Wir hoffen, dass Sie Freude an diesem Kochbuch haben und wir zu mehr Wohlbefinden und Gesundheit beitragen können.

Sie haben Fragen, Anregungen oder Kritik zum Kochbuch? Wir freuen uns über eine Nachricht von Ihnen! Schreiben Sie an: **info@ag-publishing.eu**

Sie sind zufrieden mit dem Kochbuch? Dann teilen Sie Ihre Erfahrung gerne über Amazon. Vielen Dank!

Printed in France by Amazon
Brétigny-sur-Orge, FR

18069660R00078